우리 교인 다 어디로?

Where Have All The Church Members Gone?

Originally published in English in the U.S.A. under the title:
Where Have All the Church Members Gone?: How to Avoid the Five Traps That Silently Kill Churches by Thom S. Rainer
Copyright © 2024 by Thom S. Rainer
Korean edition © 2024 by Duranno Ministry with permission of Tyndale House Publishers.
All rights reserved.

우리 교인 다 어디로?

지은이 | 톰 레이너
옮긴이 | 정성묵
초판 발행 | 2024. 10. 23
등록번호 | 제1988-000080호
등록된 곳 | 서울시 용산구 서빙고로65길 38
발행처 | 사단법인 두란노서원
영업부 | 02)2078-3333 FAX | 080-749-3705
출판부 | 02)2078-3330

책값은 뒤표지에 있습니다.
ISBN 978-89-531-4913-7 03230

독자의 의견을 기다립니다.
tpress@duranno.com   www.duranno.com

두란노서원은 바울 사도가 3차 전도 여행 때 에베소에서 성령 받은 제자들을 따로 세워 하나 님의 말씀으로 양육하던 장소입니다. 사도행전 19장 8-20절의 정신에 따라 첫째 목회자를 돕는 사역과 평신도를 훈련시키는 사역, 둘째 세계선교™와 문서선교 단행본·잡지 사역, 셋째 예 수문화 및 경배와 찬양 사역, 그리고 가정·상담 사역 등을 감당하고 있습니다. 1980년 12월 22일에 창립된 두란노서원은 주님 오실 때까지 이 사역들을 계속할 것입니다.

이유를 모른 채 비어 가는 교회 살리기

우리
교인
다 어디로?

Where Have
All The Church Members Gone?

톰 레이너 지음 정성묵 옮김

두란노

우리의 더없이 큰 기쁨, 사랑하는 우리 첫 손녀
매기 레이너에게 특별히 이 책을 선물한다.

그리고 늘 그랬듯이 넬리 조에게 이 책을 바친다.
당신의 자녀가 일어나 당신을 축복하고,
당신의 손주들이 즐거워하며 당신에게 박수를 보내고 있소.
무엇보다 당신의 남편이 당신이라는 은혜의 선물에
날마다 놀라고 있다오.

급변하는 시대 흐름,
개교회들에 침투하다

당신이 목사라면 지난 몇 년 사이에 모든 것이 변했다는 걸 눈치챘으리라. 하지만 상황이 '어떻게' 혹은 '왜' 이렇게 변했는지는 정확히 모르겠는가?

《우리 교인 다 어디로?》는 교인들이 예전만큼 자주 교회에 나타나지 않는 이유를 정확히 짚어 내는 데 도움을 준다. 무엇보다도 이 책은 앞으로 나아가기 위한 청사진을 제대로 제시한다.

나는 톰 레이너 목사가 이 책에서 설명한 흐름들을 깊

이 인식해 왔다. 현재 나는 미국 교회의 많은 리더들과 협력하고 있지만, 자라기는 캐나다에서 자랐다. 내가 어릴 적에 캐나다의 사회와 교회를 물들였던 탈기독교 문화가 이제는 미국 교회, 심지어 바이블 벨트(Bible Belt; 보수적 성향의 복음주의 기독교인이 많이 거주하는 미국 중남부 및 동남부 지역)에서도 주류 문화가 되었다.

출석 교인 수 감소, 표류하는 신앙, 교회 활동에 점점 덜 참여하는 교인들, 원래 매주 교회에 성실하게 나오던 교인들이 갈수록 주일 공예배를 대수롭지 않게 여기는 현상……. 톰 레이너는 이런 시대적 흐름이 어떻게 작은 마을의 작은 교회에까지 깊이 파고들었는지를 적나라하게 파헤친다.

이면에서 진짜로 벌어지는 일을 이해하기 전까지는 이런 현상에 고개를 갸웃거릴 수밖에 없다. 이 책은 도무지 이해가 가지 않는 현재의 상황을 이해할 수 있도록 도와준다.

목회 경험이 적은 목회자들에게 톰 레이너는 과거에 묶여 있는 기존 교회 안에 '새로운' 교회를 세우는 작업을 어떻게 진행할지를 보여 준다. 또 당신이 이 소설의 주인공처럼 경험 많은 목사라면, 이 책에서 남은 목회 사역을 위한 새로운 비전을 얻게 될 것이다.

완전히 새로운 이 현대 세상에서 영혼들을 하나님께로 이끌 기회가 우리에게 주어졌다는 사실이 감사할 뿐이다. 톰 레이너는 오늘날 변화의 한복판에서 우리에게 믿을 만한 안내자가 되어 줄 것이다.

캐리 뉴호프(Carey Nieuwhof)

At Your Best(당신의 최선) 저자,

〈캐리 뉴호프 리더십 팟캐스트〉(Carey Nieuwhof Leadership Potcast) 진행자

들어가며 ∘

소리 없이 교인들이 사라지는
현대 교회의 표상,
커넥션교회 이야기

나는 1988년부터 다양한 교회에 컨설팅 서비스를 제공하며 여러 교회 리더들과 일했다. 이 사실이 뭘 의미할까? 우선, 내가 나이가 들었다는 뜻이다. 동시에 내가 교회 관련한 실전 경험이 아주 풍부하다는 뜻이기도 하다. 실제로 지금까지 나는 어려운 상황에 놓인 수많은 교회와 목회자들을 도왔다.

지난 수십 년간 나는 교회들, 특히 북미 교회들이 처한 다양한 위기에서 한 가지 패턴을 포착했다. 교회마다 배경과 특징이 다 다르지만 공통점도 많다. 특히 건강하지 못한 교회들의 몇 가지 공통적인 문제점이 눈에 들어오기 시작했다. 그 교회들은 그 강력한 올무들에서 미처 빠져나오지 못한 채 서서히 죽어 가고 있었다.

무엇보다 이렇듯 벗어나기 힘든 문제들이 얼마나 많은 교회들에 광범위하게 퍼져 있는지 참으로 놀라울 지경이다. 이 책에 소개한 다섯 가지 문제를 다 가진 교회를 만나는 것도 전혀 드문 경우가 아니며, 그중 서너 가지 문제에 해당하는 교회는 그야말로 수두룩하다.

예상외로 자기 교회의 문제점을 제대로 인식하는 교회 리더가 매우 적다는 사실 역시 놀라웠다. 그들은 분명 똑똑하고 배려심이 많으며 분별력도 있다. 그런데도 여러 가지 이유로 그들은 자신의 사역을 좀먹는 문제들을 온전히 보지 못했다.

대개 그들은 자신의 지역, 자신의 교회만 생각했다. 자신이 맞닥뜨린 난관을 다른 교회들이 씨름하는 문제와 비교해서 보지 못했다. 한 교회에서 오랫동안 사역한 리더일수록 더욱더 그런 양상을 보였다. 하지만 목회자라면 때로 외부에서 새로운 시각을 찾아야 한다.

코로나19 팬데믹이 발생했을 때 많은 교회에서 부정적

인 흐름이 가속화되었다. 팬데믹 전만 해도 우리 처치앤서즈(Church Answers)는 일주일에 한 건 정도 교회 컨설팅 의뢰를 받았다. 그런데 팬데믹 이후에는 보통 일주일에 서너 건씩 컨설팅 의뢰가 들어왔다. 대다수 교회에서 크게 눈에 띄지 않던 사역의 기초 위에 난 작은 틈이 지진과도 같은 문화적 변화로 인해 거대한 균열로 바뀌어 수면 위로 드러난 것이다. 전에는 컨설팅을 위한 첫 만남 때 받는 질문이 대부분 "우리가 건강한가요?"였다. 하지만 지금은 보통 "대체 우리에게 무슨 일이 일어난 거죠?"로 시작된다.

이 책은 교회를 소리 없이 서서히 죽이는 다섯 가지 문제를 파헤친다. 물론 걸려들기 쉽고 헤어 나오기 어려운 함정은 이것 말고도 많지만, 그중에서도 이 다섯 가지는 흔들리는 교회에서 가장 흔하게 발견되는 유형이다. 오늘날 얼마나 많은 교회가 흔들리고 있는지는 마땅히 우리가 던져야 할 질문이다. 교회의 건강을 어떤 식으로 정의하느냐에 따라 답은 조금씩 다르겠지만 흔들리는 교회가 많다는 것만은 확실하다. 이 책에 소개한 척도를 사용하면, 미국 교회의 무려 85퍼센트가 심각하게 병들어 있다.

이렇게 말하니까 상황이 참으로 암담해 보이지만 희망이 없는 건 아니다. 그리스도의 몸으로서 교회는, 우리를 붙드시는 하나님의 능력과 예수 그리스도 안에서 발견한 소망을 간직하고 있다.

우리가 선택한 "교인이 다 어디로 갔는가?"라는 제목〔원제〕은 '등록 교인 수'와 '출석 교인 수'라는 척도가 교회의 건강을 정확하게 진단하는 지표가 된다는 점을 함축하고 있다. 물론 문제는 출석 교인 수라는 피상적인 척도보다 훨씬 더 깊다. 그럼에도 불구하고 출석 교인 수의 감소는 더 깊은 문제로 인한 증상일 수 있고, 대부분이 실제로 그렇다.

바로 여기서 우리의 이야기가 시작된다. 이 책은 소설이지만 실제로 있음 직한 이야기다. 미국 노스캐롤라이나 주의 롤리(Raleigh)에서 멀지 않은 롤스빌(Rolesville)이라는 아름다운 실제 도시를 배경으로 한 교회에서 펼쳐지는 이야기다. 여러분이 이 이야기에 푹 빠져들고 등장 인물들에게 깊이 공감하게 되기를 바란다. 이 이야기를 통해 여러분이 몸담은 교회에 있을지 모르는 문제와 난관을 깨닫게 되기를 바란다.

한 가지만큼은 확실하다. '변화가 필요하다'는 점을 이해하고 이를 인정하기 전까지는 변화가 시작될 수 없다.

마지막 장에서는 허구가 아닌 현실적인 시각에서 다섯 가지 문제를 자세하게 정리하고 가능한 해법들을 제시할 것이다. 그리고 나와 우리 팀은 웹 사이트(WhereHaveAllTheChurchMembersGone.com)에 주기적으로 이러한 해법들을 업데이트할 것이다.

교회는 결코 세상에서 볼 수 있는 흔한 조직이 아니다. 교회는 그리스도의 사역이라는 기초 위에 세워졌으며, 성령의 능력으로만 지속된다. 이 책에서 '모든' 교회가 하나님의 능력에 의지해야 하며 기도로 그분의 뜻을 부지런히 추구해야 한다는 메시지를 귀담아듣게 되기를 바란다.

기도 이야기가 나온 김에 말하자면 나는 이 책이 출간되기도 전에 여러분을 위해 기도하기 시작했다. 나는 여러분의 교회를 위해 기도해 왔다. 이 책을 통해 여러분이 여러분 교회가 마주한 난관에 용감히 맞서게 해 달라고 기도했다. 무엇보다도 여러분이 그리스도 안에서 극복할 수 없는 어려움은 없다는 사실을 보고 체험하게 해 달라고 기도했다.

이제 좋은 의도로 커넥션교회(Connection Church)를 이끌고 있는 올리버 와그너(Oliver Wagner) 목사를 소개할 시간이다. 아무쪼록 여러분이 그를 좋아하게 되었으면 좋겠다. 필시 그의 이야기가 남 일 같지 않을 것이다.

자, 이제 "교인이 다 어디로 갔는가?"라는 질문에 본격적으로 답할 시간이다.

Where Have

All The Church Members Gone?

모든 게 별 탈 없이 돌아가던 나날

{ 그런데 어째서 불안감이 가시지 않는 걸까? }

올리버 와그너는 목양실의 푹신한 의자에 몸을 푹 기댄 채로 깊은 숨을 들이마셨다. 하지만 이어서 깊은 한숨이 터져 나왔다. 30년 넘게 목회를 했지만 이토록 극심한 불안감과 걱정에 시달리기는 처음이었다.

그가 커넥션교회의 담임목사로 부임한 지도 어느덧 8년 하고 한 달이 지났다. 59세인 그는 이 교회가 자신의 마지막 목회 사역지이기를 바랐다. 그는 교인들을 사랑했고 이 지역을 좋아했다. 그와 아내 멜라니(Melanie)는 이곳에서 사는 것이 더없이 행복했다.

　장성한 세 아들은 모두 결혼해 잘 살고 있었다. 다섯 명의 손주와 곧 태어날 여섯 번째 손주는 이 부부에게 큰 기쁨이었다. 자녀가 다 출가하고 난 빈 둥지 시기가 두 사람에게는 전혀 외롭고 허전한 시간이 아니었다. 틈만 나면 자녀들이 손주를 돌봐 달라고 연락했기 때문이었다. 두 사람은 그런 부탁이 조금도 싫지 않았다. 도리어 자녀의 연락을 손꼽아 기다렸다.

　노스캐롤라이나주 롤리에서 멀지 않은 인구 10,000명 남짓의 롤스빌에 있는 커넥션교회는 그 지역에서 평판이 좋았다. 올리버가 처음 그 교회에 부임했을 무렵 롤스빌은 이미 엄청난 변화의 한복판에 있었다. 작은 농촌 마을이 교외 주택 지구로 급속도로 성장하고 있었다. 당시 커넥션교회 교인들은 지역의 변화를 반대하는 터줏대감이 대다수였다. 하지만 지난 8년 사이에 새 신자가 꽤 늘었다. 롤스빌이 리서치 트라이앵글 파크(Research Triangle Park; 미국 최대 규모의 첨단기술 연구단지로, '제2의 실리콘밸리'로 불린다)에 가깝다는 점에 끌려 이사 온 사람들이 이 교회로 적잖이 유입되었다. 올리버는 신구 교인의 조화를 축복으로 여겼다.

　하지만 한편으로 올리버는 왠지 모르게 뭔가가 꺼림칙

했다. 머리로 알았다기보다는 피부로 느꼈다. 하지만 그런 느낌이 드는 이유를 딱히 꼬집어 말할 수 없어 답답했다.

물론 지금까지 오는 동안 교회에 크고 작은 고비가 많았다. 그중에서도 교회 이름을 바꾸는 작업을 했던 처음 몇 년은 정말 힘들었다. 결과적으로, 약 80년 전에 첫 예배당 건축에 큰 액수를 기부한 사람의 이름을 따서 핸슨메모리얼 교회(Hanson Memorial Church)로 지었던 것을 지금의 커넥션 교회로 바꾸었다. 이 일 말고도 새 신자 교육반을 시작하려던 시도가 끝내 실패로 돌아간 일도 올리버를 힘들게 했다. 그때 상한 마음이 아직도 회복되지 않았다. 그는 몇몇 오래된 교인들의 저항을 도무지 이해할 수 없었다. 하지만 천성적으로 갈등을 싫어하는 그는 그 일을 밀어붙이지 않았고, 결국 상황은 진정되었다.

어쨌든 지금 교회는 모든 일이 원활하게 이루어지는 듯 보였다. 갈등은 상대적으로 적었고, 딱히 특별한 문제는 없었다.

'그런데…… 왜 이렇게 불안하지?'

처음 이런 느낌이 들었을 때 올리버는 하나님이 자신을 다른 교회로 부르고 계신 게 아닌가 생각했다. 하지만 기도하면서 아내와 여러 번 깊은 대화를 나눈 끝에 둘 다 이 교회에 머물러야 한다는 결론을 내렸다. 하나님의 뜻이라면 언제라도 떠날 수 있었다. 하지만 그 방향으로 부르시는 하나님의 음성이 전혀 느껴지지 않았다.

올리버는 이 생각을 잠시 접어 두고 성경책을 펼쳤다. 그는 그동안 매일 일상적인 업무로 넘어가기 전에 한 시간가량 기도하고 말씀을 읽으며 하루를 시작하려고 노력했다. 물론 항상 성공한 건 아니었다. 꾸준하지 못한 자신의 모습에 죄책감을 느낄 때도 많았지만 오늘은 시작이 좋았다. 마태복음에서 격려를 얻은 그는 주중에 생긴 몇 가지 우려 사항을 놓고 기도했다. 하지만 얼마 못 가 잡념에 사로잡혔다.

'나한테 무슨 문제가 있나? 왜 이렇게 집중이 안 되는 거지? 모든 일이 잘 돌아가는데, 왜 교회에 대한 불안감이 가시질 않지? 어쨌든 겉으로는 아무 문제가 없어 보이는데…….'

그 순간, 몸에서 기운이 솟구쳤다. 올리버는 성경을 한쪽으로 치우고, 설교 준비를 위해 늘어놓은 책들을 쌓으며 책상에 여유 공간을 마련했다. 그러고 나서 새로 산 메모장과 애용하는 펜을 꺼냈다. 어떤 특별한 구상 없이 그냥 교회에 관해 떠오르는 대로 적어 내려가기 시작했다.

올리버는 종이 중간에 선을 죽 긋고 한쪽에는 "등록 교인: 400명 이상"이라고 쓰고, 다른 쪽에는 "주일 출석 인원: 200명 남짓"이라고 썼다. 그는 숫자에 집착하는 사람이 아니다. 그는 출석률이라는 덫에 걸리고 싶지도, 돈과 머릿수를 목회 성공의 지표로 삼고 싶지도 않았다. 하지만 외면하기엔 등록 교인 수와 출석 교인 수의 격차가 커도 너무 컸다. 코로나19 사태가 분명 출석률에 타격을 주었고, 여느 교회들처럼 커넥선교회도 팬데믹 이후에 이전처럼 회복하는 데 어려움을 겪고 있었다. 하지만 코로나19 사태가 터진 지도 벌써 몇 년이 지났다. 계속해서 팬데믹 탓만 할 수는 없었다. 뭔가 다른 문제가 있는 게 분명했다.

올리버는 다른 종이 왼쪽에 "사역들"이라 쓰고, 오른쪽에는 "사역을 섬길 자원봉사자를 찾는 문제"라고 썼다.

커넥선교회는 모든 종류의 사역과 활동을 여전히 유지하고 있었지만 열정이 넘치는 헌신적인 자원봉사자들을 충분히 확보하기가 전에 없이 힘들어졌다.

'요즘 세상이 다 그렇지. 모든 사람이 눈코 뜰 새 없이 바쁘잖아.' 올리버는 그렇게 스스로를 위로했다.

커넥선교회에는 젊은 가정이 꽤 많았는데 그들은 누구보다 바빴다. 그리고 사역 봉사를 하는 이들도 끝까지 못 버

티는 경우가 많았다. 바로 지난주만 해도 주일학교 유치부 부장이 교사가 세 명이나 나오지 않았다고 말했다. 그들은 아무런 통보도 없이, 사과도 없이 그냥 나타나지 않았다.

헌금도 문제였다. 올리버는 모든 교회 재정이 문제없이 잘 처리되는 한, 헌금에 너무 신경 쓰고 싶지 않았다. 실제로 모든 재정은 잘 처리되고 있었다. 팬데믹 기간에도 십일조는 꾸준했다. 아마도 사람들이 밖에 나가 돈을 쓰지 않아서였으리라. 하지만 지난 18개월 동안 전체 헌금 액수는 눈에 띄게 줄었다.

'교인들이 교회 생활에 전만큼 열정을 보이지 않는 것 같아. 나만 그렇게 생각하는 걸까? 아무래도 다른 사람 의견도 들어 봐야겠어.'

책상 위 서류 더미들 속에서 간신히 휴대폰을 찾은 올리버는 저장된 연락처를 뒤져 조지 미란다(Jorge Miranda)의 번호를 찾아냈다. 조지는 교회에서 가장 영향력 있는 교인이었다. 그는 오랫동안 장로로 섬기면서 교인들 사이에서 신망이 두터웠다. 장로들이 회장 역할을 번갈아 맡았지만 그는 회장이 아닐 때도 사실상 회장이나 다름없는 역할을 도맡았다.

커넥션교회는 회중제를 표방했지만 실질적으로는 장

로들이 막강한 영향력을 행사하고 있었다. 조지는 지역 내에서 사업으로 큰 성공을 거두었으며, 강연이나 사업 컨설팅 요청을 자주 받았다. 게다가 그는 정직한 사람이라는 평판이 자자했다. 올리버는 그에게 도움을 요청하는 것이 현명하다고 판단했다.

"안녕하세요, 목사님. 어쩐 일이세요?" 전화를 받은 조지가 말했다.

"오늘 오후에 잠깐 만나서 이야기를 나눌 수 있을까요? 장로님과 의논하고 싶은 문제가 있어서요."

"네, 마침 오늘 시간이 납니다. 이렇게 하시죠. 2시쯤 교회로 찾아뵙겠습니다."

———————

두 사람은 목양실의 푹신한 안락의자에 앉았다. 올리버가 먼저 이야기를 시작했다. "시간을 내주셔서 감사합니다. 워낙 바쁘신 분인 줄 알기에 귀찮게 하지 않으려 했는데, 장로님 조언이 꼭 필요해서요."

조지는 미소를 지으며 고개를 끄덕였다. "목사님이 부르시는데 무조건 시간을 내야죠. 제가 할 수 있는 일이라면 기꺼이 돕겠습니다. 뭐가 문제죠?"

"사실, 정확히 뭐가 문제인지 모르겠어요. 그냥 뭔가 문제가 있다는 느낌이 들어요. 요즘 너무 불안해서 도무지 집중할 수가 없습니다. 틀림없이 이 증상이 교회 상황과 관련 있는 것 같아요. 사람들이 우리 교회에 오고는 있는데 마음은 다른 데 있는 것 같습니다. 최소한 교인들이 예전 같지는 않다는 생각이 들어요."

"저도 같은 생각을 했습니다." 조지가 거들었다.

올리버는 조지의 빠른 반응에 놀랐다. 올리버는 원래 더 자세히 설명할 생각이었는데 조지가 곧바로 동의하자 약간 당황했다.

"목사님, 저도 실은 똑같은 걸 느끼고 있습니다. 저는 오랫동안 이 교회에 다니면서 좋은 시절, 힘든 시절 다 겪었죠. 그런데 지금 같은 시기는 없었던 것 같습니다. 무관심이 문제인 것 같은데 그것만으로는 설명이 되지 않고…… 어쨌든 뭔가 문제가 있는 것만큼은 분명합니다."

올리버는 자기만 불안감을 느끼는 게 아니라는 사실에 다소 안심이 되었다. '적어도 조금은 덜 답답하군!'

하지만 교회에서 가장 영향력 있는 교인이 교회에 뭔가 문제가 있음을 느낀다는 게 좋은 소식인지 나쁜 소식인지 가늠할 수 없었다.

　"둘 다 같은 느낌을 받고 있다는 것으로 볼 때 하나님이 우리에게 깨우쳐 주시려는 뭔가가 있는 것 같습니다. 그게 뭔지 정확하게 파악하고 나서, 필요한 행동에 함께 나서야 할 것 같아요." 조지가 계속해서 말했다.

　조지가 행동을 촉구하는 건 새삼스러운 일이 아니었다. 당장은 답을 모를지언정, 그가 결단력을 발휘하지 못하는 사람이었다면 결코 비즈니스 세계에서 리더로서 성공하지 못했을 것이다.

　올리버는 이렇게 말했다. "우리 교회를 미래로 이끄는 법을 더 잘 알고 싶습니다. 이 지역이 여전히 바이블 벨트긴 하지만 주변 문화가 급속도로 바뀌는 것 같거든요."

　"음, 목사님, 혼자서 모든 걸 알아내려고 하실 필요가 없어요. 조언을 드리자면, 교회의 여러 파트에서 사람들을 모아 작은 팀을 꾸려 보면 어떨까요? 아마 6~8명이면 관리하시기 편할 겁니다. 그 팀과 함께 교회의 방향을 의논하고 기도하는 겁니다. 분명 하나님이 이 불안감의 이유를 밝혀 주시고, 가야 할 곳으로 우리를 이끌어 주실 겁니다." 이렇게 말하는 조지의 눈이 반짝였다.

　올리버는 그가 내놓은 의견에 마음이 끌렸다. "그렇지

않아도 교회의 향후 10년간을 장기적으로 계획하기 위한 상임 위원회를 구성할까 고민 중이었어요. 10년쯤 뒤에는 자리에서 물러나 새로운 다음 목사님께 배턴을 넘기고 싶거든요."

"목사님, 솔직히 저는 집중적이고 단기적인 것을 생각했습니다. 이를테면 TF〔task force; 특정 문제 해결을 위한 임시특별대책위원회〕 같은 것 말입니다. 저는 교회 안에서 상임 위원회가 최대한 적어야 한다고 생각해 왔어요. 대개 교회 안의 상임 위원회라고 하면 재정 위원회와 인사 위원회 정도만으로 충분해요. '상임'과 '위원회'라는 두 단어를 합치는 순간, 쓸모를 다할 때까지 살아남아 결국 회의를 위한 회의만 하는 그룹이 탄생할 위험이 있답니다."

"맞아요. 그런 위원회가 필요 없다는 데는 저도 동의합니다." 올리버가 소리 내어 웃으며 말했다.

"그리고 목사님, 제 생각에는…… 그 계획을 군이 우리의 미래와 연결시킬 필요는 없을 것 같아요. 현재 우리의 초점은 우리 둘 다 느끼고 있는 이 불안감에 대한 답을 찾는 것이어야 합니다. 날짜를 정해 각자 두세 명의 교인을 초대해 이 문제를 의논하도록 하죠."

늘 낙관적인 올리버는 조지의 의견에 흔쾌히 동의했

다. 하지만 그는 어떤 상황이 펼쳐질지 꿈에도 몰랐다. 아마 알았다면 모든 노력을 멈추고 이 불안감을 안은 채 살아가는 법을 배웠을 것이다. 어쩌면 그냥 현실에 안주하는 편을 선택했을지도…….

그렇다. 극도로 힘겨운 시간이 그를 기다리고 있었다.

혹시 최근에 그 성도 보신 분?

{ 서로 간에 연결connection이 끊겨 있던 커넥션교회 }

올리버는 부푼 기대감으로 첫 번째 비전 TF 모임을 위해 교회로 차를 몰았다. 하지만 설레는 마음도 잠시, 회의실에 들어서자마자 가슴이 철렁 내려앉았다. 평소에 자신이 하는 일마다 사사건건 못마땅해하며 비판을 일삼던 교인인 켄 캐시디(Ken Cassidy)가 그 자리에 떡하니 앉아 있는 게 아닌가!

'조지가 교회 안의 다양한 사람을 부를 거라고 하긴 했지만 왜 하필 켄 집사지?'

올리버는 이 상황을 더는 깊이 생각하지 않기로 했다. 그러기에는 할 일이 너무 많았다. 계속해서 그를 공격하던 켄이 이번에는 공격을 멈추고 건설적인 의견만 내놓을지 또 누가 아는가. 하지만 올리버는 기대는 일찌감치 접었다.

회의실을 죽 둘러보니 8년 전 이 교회에 부임할 때부터 봐 온 익숙한 얼굴들이었다. 조지 말고도 교회에서 아주 오랜 시간 집사로 섬겨 온 롭 비처(Rob Beecher)도 있었다. 그는 고등학교 교감으로, 조용한 성격의 소유자였다. 그는 언제나 말하기보다 듣기를 좋아했다. 그리고 사람들, 특히나 고등학생들을 잘 다룰 줄 알았고, 지역사회에서 많은 존경을 받았다.

롭 옆에는 엠마 록웰(Emma Rockwell)이 앉아 있었다. 그녀 역시 집사로, 롤스빌 근처에 있는 큰 회사의 최고운영책임자(COO)였다. 그녀와 남편은 올리버가 부임하기 몇 달 전에 커넥션교회에 등록했다. 당시 그 교회에는 담임목사가 없었는데도 그곳에 등록한 것은 특이한 일이었다. 엠마는 정확하고 꼼꼼한 성격의 소유자였다. 그리고 교회 이름을 바꾸는 과정에서 그녀의 탁월한 실행 능력이 빛을 발했다. 올리버는 교회에 대한 그녀의 헌신을 눈곱만큼도 의심하지 않았다.

테이블에서 엠마의 자리 건너편에는 베키 가너(Becky Garner)가 앉아 있었다. 올리버는 그녀를 "이곳을 하나로 묶어 주는 사람"으로 부르곤 했다. 그가 처음 이 교회에 부임했을 때 그녀는 아동부를 이끌고 있었다. 하지만 그는 그녀에게서 행정과 리더십의 재능을 알아보고 재빨리 그녀를 행정 책임 간사 자리에 앉혔다. 그녀는 조지나 엠마만큼 전략적이고 적극적이지는 않았지만 일단 일을 맡자 누구보다 뛰어나게 해냈다. 대개는 마감일보다 훨씬 빨리 일을 마무리했다. 그녀는 올리버에게 절대적으로 충성했지만 그가 교회를 잘못된 방향으로 이끈다는 생각이 들면 서슴없이 쓴소리를 할 사람이었다.

그다음에는 켄 캐시디가 있었다. 올리버는 조지가 켄을 TF로 부른 이유가 또다시 궁금해졌다. 켄은 중간 관리자로 일하던 회사가 문을 닫으면서 타의로 조기 은퇴를 했다. 솔직히 올리버는 켄이 그 회사에서 그토록 오래 버텼다는 사실을 이해할 수 없었다. 켄은 끊임없이 남들에게 시비를 걸었다. 조금만 변화를 시도해도 그가 반대 의견을 내놓을 것은 불을 보듯 뻔했다. 그는 교회 이름을 바꾸는 데도 앞장서서 반대했고, 새 신자 교육반 신설도 그의 반대로 결국 무산되었다. 올리버는 이 모임을 마치고 난 뒤 조지에게 켄을

TF로 부른 것은 크나큰 실수임을 최대한 사랑과 존중을 담아 깨우쳐 주기로 마음먹었다.

───────

　테이블 상석에 앉은 올리버는 기도로 회의를 시작했다. TF 구성원들의 의견을 어서 듣고 싶었다.

　'이 회의는 정말 재미있을 거야. 앞으로의 시간들이 기대가 되는군.' 올리버는 커넥션교회(Connection Church)가 이름에 걸맞게 안팎으로 사람들과 진정으로 연결되는(connect) 곳이 될 만한 방법을 찾을 수 있다는 생각에 기대감이 한껏 차올랐다.

　"지금까지 사전에 나눈 대화로 볼 때, 여기 모인 모든 분이 이 TF를 통해 이루려는 목표가 무엇인지 대체로 이해하셨다고 생각합니다. 이 첫 번째 모임의 목적은 현재의 교회 실태를 파악하는 겁니다." 올리버는 이렇게 말하며 회의의 포문을 열었다. 그가 말을 멈추고 허공에 손가락으로 따옴표 표시를 하면서 자기 이야기를 강조하자 두세 사람이 미소를 지었다.

　"조지 장로님은 미래를 이야기하기에 앞서 현재 교회

가 어떤 상황인지를 알아야 한다고 말씀하셨습니다. 그래서 엠마 집사님께 지난 5년간의 교회 상황을 정리해서 알려 달라고 부탁했습니다."

"감사합니다, 목사님." 엠마가 노트북 자판을 쳐서 상황 보고서를 화이트보드에 띄웠다. "목사님이 숫자에 연연하는 걸 싫어하시는 줄 압니다만 통계 자체가 나쁜 건 아니에요. 통계는 도로 표지판처럼 옳은 방향을 알려 준답니다."

올리버는 바로 토론하는 이 시간을 기다려 왔다. 그는 지난 몇 년간 여러 가족이 교회에 새로 등록했다는 점만 생각했지, 많은 사람이 교회를 떠났다고는 생각조차 못 했다.

엠마의 말이 이어졌다. "보다시피 고무적인 수치들이 있습니다. 예를 들어, 지난 5년간 총 스물여덟 가정이 우리 교회에 새로 등록했어요. 그중 열아홉 가정은 두 명 이상으로 이루어져 있고, 나머지 아홉은 혼자 사는 1인 가정들이에요. 그래서 총 새 신자 수는 72명입니다."

다들 흐뭇한 미소를 지으며 고개를 끄덕였다. 실제로 교회에 새로운 얼굴이 많은 듯 보였다. 엠마가 제시한 숫자들이 이 점을 확인시켜 주었다.

"같은 기간에 일곱 가정이 교회를 떠났어요. 소천하신 분들, 이 지역의 다른 교회로 옮기거나 다른 지역으로 이사

한 분들을 다 합치면 총 44명입니다. 정리하자면 72명이 새로 오고 44명이 떠났으니, 5년 사이에 총 28명의 교인이 늘어난 셈입니다."

올리버는 웅성거리는 소리를 들었다. 다들 지난 성취에 기뻐하는 분위기였다. 이제 그들은 미래를 향해 나아갈 준비가 되어 있었다.

그 사이 올리버는 조지가 인상을 찌푸리고 있음을 눈치챘다. 숫자가 맞지 않는다는 듯한 표정이었다. 하지만 올리버가 그 문제를 더 생각하기도 전에 엠마가 그의 불안을 현실로 바꿔 놓았다.

"하지만……" 엠마의 목소리는 진지했다.

이 단순한 접속사 하나가 한없이 공중에 떠 있는 듯했다. 모든 시선이 다시 엠마에게로 쏠렸다. 올리버는 분위기가 바뀌고 있음을 느꼈다. 엠마가 무슨 말을 할지는 오직 그녀 자신만 알았지만 그녀의 태도와 몸짓이 이미 많은 걸 말해 주고 있었다. 다음 말은 그리 고무적인 내용이 아닐 것이 분명했다.

"하지만 같은 5년 동안 출석 교인 수는 거의 20퍼센트가 떨어졌어요. 그리고 그 하락 숫자의 대부분은 지난 3년 사이에 나타났고요."

사람들 얼굴에 혼란과 실망의 빛이 역력했다.

엠마는 지금 모두의 머릿속에 있을 질문을 생각했다. '어떻게 그럴 수 있을까요? 거의 매달 새로운 얼굴이 보이는데 말이죠. 새로 온 신자가 우리 교회를 떠난 성도보다 훨씬 많아요.'

"잠깐!" 켄이 목소리를 높였다. "매년 새 신자가 늘어나고 있는데 어떻게 출석 교인 수가 그렇게나 줄어들 수 있죠? 뭔가 의심쩍군요."

올리버는 한숨을 내쉬었다. 이제 켄의 입에서 뭔가 극악한 일이 벌어지고 있다는 말이 나올 게 뻔했다.

켄의 말이 이어졌다. "아시다시피 주일마다 200명 정도가 출석하고 있지만, 교인들은 교회 안 곳곳을 돌아다니죠. 그래서 교회에 온 '모든 교인'의 수를 세기란 힘들어요. 장담컨대 우리가 많은 사람을 놓치고 있는 게 분명해요. 아마도 주로 아이들을 놓치고 있을 겁니다."

몇 명이 수치가 잘못되었을 거라는 점에 동의하는 신호로 고개를 끄덕였다. 그러자 베키가 재빨리 반박했다.

"아뇨, 수치는 정확해요. 정확한 집계를 위해 구역마다 두 명이 맡아서 숫자를 셉니다. 제가 지난 2년 동안 그 팀에서 함께했고요. 저는 정확도를 매우 중시합니다. 좀 심하게 말하자면, 통계에 미친 사람이라고나 할까요."

회의실이 일순간 조용해졌다. 모두가 베키의 다음 말을 기다렸다.

"하지만 생각해 보세요. 출석 교인 수가 약 20퍼센트나 떨어졌고, 감소의 대부분이 지난 3년 사이에 이루어졌다면 그건 한 해에 출석 교인 수가 약 7퍼센트 감소하고 있다는 뜻이에요. 하지만 월별 평균 감소율을 보면 거의 감지하지 못할 만큼 미미해요."

이번에는 롭이 끼어들었다. "그래서 출석 교인 수가 계속해서 줄어들었는데도 아무도 몰랐던 거군요. 우리가 떠난 사람은 보지 못하고 남아 있는 사람만 보고 있었네요."

올리버는 이 같은 정보에 깜짝 놀랐다. 하지만 그보다 자신이 이 회의 전까지 그 사실을 전혀 모르고 있었다는 게 더 충격이었다.

'베키 간사님은 왜 진작 내게 이 사실을 말해 주지 않았지? 하긴 내가 출석 교인 수에 집착하는 걸 원치 않는다고 말했으니 말을 꺼내기가 곤란했겠지.'

올리버는 얼굴이 새빨갛게 달아올랐다. 숫자를 지나치게 싫어한 탓에 현실을 보지 못했다. 교회가 계속해서 소리 없이 서서히 쇠퇴하는데 담임목사가 그 사실을 전혀 몰랐던 것이다.

하나님께 예배드리기 위해 모이는 교인이 점점 줄고 있었다.

하나님 말씀을 듣기 위해 모이는 교인이 점점 줄고 있었다.

동료 신자들과 교제하고 그들의 격려를 받기 위해 모이는 교인이 점점 줄고 있었다.

그런데 그런 감소가 사실상 눈에 보이지 않게 진행되고 있었다.

———————

비전 TF 일원들은 어떻게 출석 교인 수가 아무도 모르게 줄어들 수 있는지를 이해하기 위해 일련의 질문을 던지기 시작했다. 저마다 동시에 한마디씩 던지고 있었다.

그때 조지가 입을 열자 장내가 다시 조용해졌다.

"목사님, 질 리드(Jill Reed) 자매님을 TF로 부른다고 하시지 않았나요?"

"그랬죠. 자매님에게 초대장을 보냈습니다. 사실, 두 번이나 이메일을 보냈는데 답장이 없었습니다. 아무래도 다시 보내야겠어요."

조지가 계속해서 말했다. "질 자매님이 여기 있어서 상황 파악에 도움을 줄 수 있다면 얼마나 좋을까 생각해 봤습니다. 자매님은 분석 기술과 상식을 두루 갖추고 있거든요."

대화가 잠시 끊겼다. 이에 롭은 모든 사람의 머릿속에 있을 법한 말을 하기로 결심했다.

"집사로서 저는 핵심 자원봉사자들을 많이 알고 있습니다. 해야 할 프로젝트나 맡겨야 할 사역이 있을 때 연락을 할 만한 분들 말입니다. 질 자매님은 분명 여기에 포함됩니다. 그런데 요즘 자매님이 교회에서 예전만큼 많이 보이지 않습니다. 예전에는 교회에 올 때마다 늘 볼 수 있었어요. 그런데 생각해 보니…… 지난 6개월 정도 거의 못 본 것 같군요."

올리버가 주변을 둘러보니 모두가 고개를 끄덕이고 있었다.

"누구 질 리드 자매님의 상황을 아는 분 계십니까?" 올리버가 물었다.

이후 몇 분간 질 리드의 행방에 관한 대화가 이어졌다. 질은 분명 교회 안에서 모두에게 사랑받는 사람이었다. 그런데 아무도 그녀의 현재 행방을 알지 못하는 것 같았다. 그녀에 관한 대화 도중에 두세 사람의 다른 이름도 거론되었다.

곧 올리버는 토론이 본 주제에서 멀어지고 있음을 깨달았다. 건강한 대화를 제지하고 싶지는 않았지만 본 주제로 돌아오지 않으면 회의의 기존 목표를 달성할 수 없겠다고 판단했다.

올리버는 모인 사람들에게 정중하게 부탁했다. "여러분, 질 자매님에 대한 관심은 충분히 이해합니다. 자매님에게는 제가 내일 연락해 보겠습니다. 그러니 일단 여기서는 본 안건에 집중했으면 좋겠습니다. 지금 우리는 교회가 '성장하면서도 성장하지 않고 있는' 원인을 알아내기 위해 이자리에 모였습니다."

하지만 엠마는 대화의 방향을 바꿀 필요성을 느끼지 못했다. "목사님, 사실 이 두 가지 대화는 우리가 처음 생각했던 것보다 더 밀접하게 연결되어 있어요."

"네? 어떻게요?"

"질 자매님의 문제를 '성장하면서도 성장하지 않고 있는 상황'에 관한 논의의 관점에서 보죠. 먼저, 질 자매님을 교인 수에 '추가된' 사람으로 봐야 할까요? 최근에 '빠진' 사람으로 봐야 할까요?"

엠마의 질문에 올리버는 머릿속이 멍해졌다. 그녀가

정확히 무엇을 묻는지 알 수가 없었다.

그러자 조지가 나섰다. "엠마 집사님, 질문이 조금 잘못된 것 같습니다. 질 자매님은 둘 중 어느 쪽도 아니에요. 질 자매님은 적어도 5년 전에 우리 교회에 왔습니다. 그리고 이름이 여전히 등록 교인 명부에 올라 있고요."

"맞습니다. 등록 교인의 관점에서 보면 질 자매님은 더하기도 빼기도 아니죠. 하지만 지금 우리가 하는 대화의 관점에서 볼 때…… 질 자매님이 최근에 교회에 '더 자주' 나오고 있나요? '덜' 나오고 있나요?"

거기 모인 모든 사람의 눈이 똥그래졌다.

조지가 흥분한 어조로 말했다. "아, 무슨 말씀인지 알겠네요. 등록 교인 수는 늘고 있는데 출석 교인 수는 줄고 있어요. 많은 교인이 질 자매님처럼 교회에 점점 덜 나오고 있는 것 같습니다."

다들 엠마의 말과 조지의 반응을 보며 생각에 잠긴 듯 회의실이 금세 조용해졌다.

장안의 침묵을 깬 올리버의 목소리는 떨리고 있었다. "제가…… 좀 창피하네요. 제가 이 사실을 진작 파악했어야 하는 건데……. 창피하게도 저는 출석 교인 수가 줄어드는 줄 전혀 몰랐습니다. 사실, 동료 목사님들에게 우리 교회가 꾸준히 성장하고 있다는 말만 했죠. 하지만 지금 질 자매님에 관한 이야기를 나누면서 이제야 현실을 깨달았습니다. 게다가 질 자매님 같은 교인들이 더 있는 것 같군요."

"질 자매님이 교회에서 점점 멀어지고 있는 것 같은데…… 저 역시 그 사실을 몰랐습니다." 조지는 올리버를 위로했다.

올리버는 침을 꿀꺽 삼켰다. 회의는 그가 예상했던 방향으로 흘러가지 않았다. 그간 이룬 성과를 축하하고 비전을 던지려고 했던 자리가 심각한 교회 실태를 깨닫고 반성하는 시간으로 바뀌었다.

올리버가 진정하고 말했다. "혹시 최근 질 자매님을 보신 분이 계신가요?"

그러자 조지가 대답했다. "목사님, 그렇다면 우리 교회의 방향에 대해 재고하는 시간을 가져도 괜찮을까요?"

"좋은 아이디어가 있다면 들어 보죠."

"하지만 먼저, 우리 모두 목사님이 얼마나 노력하셨는지를 기억해야 합니다." 조지는 잠시 각 사람과 눈을 마주쳤다가 말을 이어 갔다. "솔직히 출석 교인 수가 줄어든다는 사실을 알고 깜짝 놀랐습니다. 이 문제는 우리가 풀어야 할 숙제입니다. 하지만 목사님이 이 회의를 소집했다는 것이 교회를 향한 목사님의 사랑을 보여 주는 증거라는 사실도 언급하고 넘어가야 한다고 생각합니다. 목사가 교회가 나아갈 방향을 정하는 일에서 교인들에게 도움을 요청하는 것은 일종의 모험입니다. 이건 거의 무조건, 지금까지 교회를 이끌어 왔던 목회 방식의 변화를 의미하니까요. 그런 면에서 저는 목사님의 용기를 높이 평가하고 싶습니다."

조지가 말하는 동안 올리버는 켄을 보고 있었다. 켄은 안절부절못하며 심기가 불편해 보였다. 올리버는 켄이 이 TF에 없었으면 좋았을 거라는 생각을 했다. 하지만 사람들은 그의 불안감을 알면서도 그 이야기를 꺼낼 수 없었다.

조지도 이를 눈치챈 게 분명했다. 즉시 이렇게 말했기 때문이다. "켄 집사님, 뭔가 하실 말씀이 있으신가요?"

"물론이죠." 켄이 기다렸다는 듯이 날카로운 어조로 말했다. "겨우 몇몇 사람이 다른 곳으로 갔다고 해서 교회가 대대적인 조사를 벌여야 할 것처럼 말씀하시는군요. 저는 그렇게 생각하지 않습니다. 동의하지 않아요. 저는 지금 이대로가 좋다고 생각해요. 우리가 여기서 괜히 쓸데없이 시간과 에너지를 낭비하고 있다고 생각합니다."

켄이 다른 사람들을 노려보는 동안 베키는 긴장된 분위기를 풀어 보고자 애썼다. 사실 베키는 켄과 대화하는 게 크게 불편하지 않았다. 켄의 태도가 다소 거칠긴 했지만, 켄이 그녀를 존중하고 있음을 알았기 때문이었다.

베키가 부드럽게 말했다. "켄 집사님, 어떤 면에서는 맞는 말씀이에요. 섣불리 결론을 내려서는 안 됩니다. 하지만 새로운 정보에 귀를 열어 두어야 해요. 우리 교회가 완만한 내리막길을 걷고 있다는 점은 이미 확인했습니다. 최소한 하나님이 앞으로 우리를 어디로 이끄시려는지 고민하는 일은 반드시 필요합니다."

켄은 베키의 말이 마음에 들지 않는 눈치였지만 섣불리 반박하지는 않았다. 그 대신 의자 뒤로 몸을 푹 기댄 채 조용히 천장을 응시했다. 몸짓이 말보다 더 많은 걸 말해 주고 있었다.

이번에는 엠마가 나섰다. "조지 미란다 장로님 말씀에 동의합니다. 지금 우리 교회의 방향에 대해 재고해야 한다고 말씀하셨는데…… 혹시 장로님은 어떤 방향을 염두에 두고 계신지요?"

그 말에 조지가 미소를 지었다. 엠마가 실행에 집중하고 있었기 때문이다. 사실 이는 비즈니스 세계에서 그녀에게 빠른 성공을 안겨 준 특성 중 하나였다. 조지는 그녀가 회의의 주제로 관심을 되돌려 준 것이 고마웠다.

올리버는 조지에게 계속해서 말해 보라는 제스처를 취했다. 이제 그의 말을 들어 볼 차례였다.

"우리가 질 자매님을 비롯해서 교회를 떠나는 것처럼 보이는 교인들에 관해 이야기를 시작하면서 회의의 방향이 바뀌었습니다. 추가 정보가 좀 더 필요할 것 같아요. 질 자매님 같은 다른 교인들에게 질문을 좀 해 봐야 할지도 모르겠습니다."

그러자 엠마가 물었다. "혹시 포커스 그룹(focus group)을 말씀하시는 건가요? 아니면 어떤 공식적인 조사인가요? 비즈니스 시장에서는 신제품을 출시하거나 새로운 사업을 추진하기 전에 포커스 그룹을 통해 최대한 많은 정보를 얻거든요."

"어쩌면 둘 다 할 수 있을지도 몰라요." 조지가 말했다.

올리버도 고개를 끄덕였다. "최근에 제삼자 평가 프로세스에 대해 알게 되었어요. 베키 간사님한테는 제가 전에 이야기했던 것 같은데…… 아무튼 장로님의 생각을 좀 더 듣고 싶군요."

올리버는 대화의 방향이 마음에 들지는 않았지만 마침내 구체적인 대화로 들어간 것 같은 느낌도 들었다. 그의 마음속에서는 여전한 불안감과 알 수 없는 기대감이 묘하게 섞여 있었다.

조지가 확신에 찬 음성으로 말하기 시작했다. "일부 교인들과 이야기를 나눌 때가 된 것 같군요. 예를 들어, 여전히 교회에서 열심히 활동하는 교인 두세 명을 고르는 겁니다. 그런 다음에는 가능하면 질 자매님과 그 외에 교회에 더 이상 나오지 않는 것이 분명한 교인 한두 명과 이야기를 나누도록 하죠. 마지막으로, 아직 교회에 나오고는 있지만 자주 참석하지는 않는 교인 두세 명과 이야기를 나누면 좋겠습니다. 이들에게 교회에 관한 생각을 듣고 싶다고 솔직하게 말해 보면 어떨까요?"

베키가 곧바로 대답했다. "적당한 교인들 이름이 벌써 여덟 명은 떠오르네요."

그 말에 올리버는 미소를 지었다. 바로 이런 능력과 교인들에 관한 지식이 베키가 교회에 그토록 중요한 자산인 이유였다. 올리버는 베키를 행정 간사로 부른 일이 자신이 이 교회에서 잘한 몇 가지 일 중 하나라고 확신했다.

조지가 엄지손가락을 치켜올리며 말했다. "아주 좋습니다! 여덟 명으로 모든 정보를 얻을 수는 없겠지만 그 정도면 나쁜 출발은 아니에요. 임무를 나누면 좋겠는데……."

그런데 조지가 말을 채 마치기도 전에 켄이 의자를 박

차고 일어섰다.

켄은 격한 감정을 실어서 말했다. "저는 이런 사람들과 이야기하지 않겠어요. 제가 완전한 시간 낭비라고 분명히 말했죠? 우리 교회에서 이런 일은 한 번도 해 본 적이 없어요. 그리고 지금 교회는 아무 문제가 없고요!"

켄은 회의실을 박차고 나가면서 문을 쾅 닫았다. 회의실에 한동안 침묵이 흘렀다. 이윽고 조지가 한숨을 내쉬면서 말했다. "목사님, 이런 말씀 드리기 좀 그렇지만, 켄 집사님은 왜 부르셨나요?"

올리버는 충격에 휩싸였다. "저는 부르지 않았어요. 저는 장로님이 부르셨다고 생각했는데……."

두 사람은 놀란 표정으로 서로를 쳐다봤다.

"아니, 켄 집사님을 따돌리려는 건 아니고요……."

올리버가 그렇게 말하자 모두가 웃었다. 이어서 조지가 말했다. "자, 어쨌든, 베키 간사님과 엠마 집사님, 롭 집사님 그리고 제가 엠마 집사님이 찾아낸 교인들을 두 명씩 맡아서 이야기를 나눠 볼게요. 목사님을 이 과정에서 배제하려는 건 아니고요. 단지 목사님이 이런 걸 물으면 안 좋게 보는 교인들이 있을까 봐 그렇습니다. 교인들이 오해할 수 있으니까요."

"충분히 이해합니다. 저도 제삼자 평가 프로세스에 관해 알아보는 데 집중할 수 있어서 오히려 좋습니다." 올리버는 소외감을 느끼기는커녕 논의가 척척 진행되는 것이 마음에 들었다. 조지의 연륜이 묻어난 지혜를 새삼 느낄 수 있었다.

조지가 이렇게 결론을 내렸다. "좋습니다. 그러면 일단 제가 질문을 만들어 보겠습니다. 그런 다음 여러분께 이메일로 보내서 다듬도록 하죠. 자, 일을 서둘러 진행합시다. 많은 대화의 문이 열리리라 예상합니다. 한 달 뒤인 다음 회의 전까지 이 일을 마무리하면 좋을 것 같습니다. 혹시 압니까? 이 일이 우리 교회를 생각지도 못한 선한 방향으로 이끌지 말이에요."

이때는 아무도 몰랐지만, 결과적으로 그의 마지막 말은 생각보다 훨씬 더 예언적인 말이었다.

많은 교인이 실제로는
성경의 기본 진리를 믿지 않았다

{ 어련히 잘 알고 믿겠거니 했던 착각의 배신 }

이튿날 아침, 올리버는 교회에 가기 전 간단히 아침 식사를 하려고 아내 멜라니와 함께 식탁 앞에 앉았다. 37년간의 결혼 생활 내내 주중에는 거의 매일 이런 시간을 가졌다. TF 회의는 올리버가 당초 예상했던 시간보다 훨씬 늦게서야 끝이 났다. 그가 귀가했을 무렵, 멜라니는 이미 깊은 잠에 빠져 있었다. 사모의 삶이란 늘 이런 식이다. 멜리나는 이런 삶에 익숙해졌다.

올리버는 아내가 자신의 속을 훤히 들여다보고 있다는 걸 알았다. 지난밤 회의 결과들이 아직 다 정리되지 않은 채 그의 머릿속에서 떠나질 않았다. 회의가 계획대로 흘러가지 않았다는 사실이 얼굴에 고스란히 드러났다.

멜라니는 지혜로운 아내였다. 그녀는 어떤 주제에 어떻게 접근하는 것이 옳은지를 늘 알고 있는 것처럼 보였다. 또한 이럴 땐 남편에게 생각을 정리해서 말할 틈을 줘야 한다는 것도 잘 알았다.

"회의는 어땠어요?" 멜라니가 물었다.

"잘 모르겠어요." 올리버의 말투에서 착 가라앉은 기분을 느낄 수 있었다.

멜라니는 아무 말 없이 잉글리쉬 머핀에 버터를 바르고서 남편이 알아서 먼저 말을 꺼낼 때까지 기다렸다.

이윽고 깊은 숨을 들이마신 올리버가 TF 회의가 어떤 식으로 자기가 예상치 못한 방향으로 흘렀는지 이야기했다.

"회의 초반에는 기대감이 한껏 부풀어 올랐는데…… 회의장을 떠날 때는 너무 혼란스러웠어요." 올리버는 전날의 일을 자세히 설명했다.

설명을 마친 올리버는 커피 한 잔을 더 채우고, 앉아서 주방 창문 밖을 응시하며 생각에 잠겼다.

"그래서 뭐가 신경이 쓰여요?" 멜라니가 부드럽게 물었다. 그녀는 남편을 잘 알았다. 최근 남편이 느낀 답답함의 원인이 무엇인지를 아직 제대로 파악하지 못했음을 분명히 알 수 있었다.

올리버가 머뭇거리다가 말을 이어 갔다. "음, 회의 초반에 질 리드 자매님의 이름이 거론되면서 최근 그 자매님이 보이지 않는다는 말이 나왔을 때 내가 연락해서 확인해 보겠다고 말했어요. 그런데 회의가 끝날 무렵, 회의 참석자 모두가 각자 두 명씩 맡아서 연락을 취하기로 정해졌어요. 그렇게 해서 질 자매님에게 연락할 사람도 정해졌죠. 조지 장로님은 교인들과의 대화에 내가 참여하지 말아야 한다고 생각했어요. 목사에게는 속을 다 털어놓기가 쉽지 않다는 게 이유였죠."

"현명한 결정이네요. 나도 장로님과 같은 의견이에요." 멜라니가 망설임 없이 말했다.

솔직히 올리버가 듣고 싶은 답은 아니었지만 그는 아내의 의견을 존중했다. 아내가 남편인 자신과 커넥션교회를 위한 최선의 길을 그 누구보다 바란다는 걸 잘 알았기 때문이다.

올리버는 미소를 지으며 말했다. "내가 당신을 얼마나

사랑하는지 말했던가요?"

———————

올리버가 교회 사무실에 도착했을 때 베키는 전날 의
논했던 '교회를 대상으로 하는 제삼자 평가 프로세스'에 관
한 자료를 이미 다 준비해 놓은 상태였다.

"처치앤서즈라는 기관에서 개발한 '당신의 교회를 알
라'라는 보고서예요. 목사님께 링크를 보내 놓았어요."

올리버는 책상에 앉아 노트북을 켜고 링크를 클릭했
다.* 그는 몇 분간 웹 사이트 내용을 정독하고 몇 가지 메모
를 한 뒤에 그 프로그램에 관한 이야기를 나누기 위해 베키
의 책상으로 찾아갔다.

"이 프로그램이 돌파구일지도 모른다는 생각이 드네
요. 교인들을 조사하는 데 효과적인 방법처럼 보여요. '예
배, 전도, 교제, 제자 훈련, 기도, 사역'이라는 여섯 가지 핵심
영역에서 교회가 잘하고 있는지 교인들의 생각을 파악하는

———————

* "Know Your Church Report," Church Answers, https://churchanswers.
com/solutions/tools/know-your-church.

데 도움이 되겠어요."

올리버의 말에 베키가 물었다. "전 교인이 다 하는 거죠? 이 소식을 어떻게 전할까요?"

"교인들을 선별해서 설문 조사를 할 수도 있고, 전 교인에게 공개할 수도 있겠죠. 하지만 내가 볼 때는 범위가 넓을수록 좋을 것 같아요. 어차피 비용은 똑같아요. 정보를 많이 수집할수록 더 믿을 만한 결과를 얻을 수 있을 것 같아요. 그러면 앞으로 어떻게 해야 할지 더 잘 판단할 수 있을 거예요."

"그게 좋을 것 같아요."

"아, 그럼…… 일단 주일 아침 광고에 슬라이드를 추가하면 어떨까요? 그걸 보여 주면서 내가 설문 조사의 취지를 소개하고 설명하는 거예요. 그러고 나서 그 내용을 정리한 내용과 온라인 설문 조사 링크를 교인들에게 다시 이메일로 보냅시다."

"목사님, 완벽해요." 베키가 흥분해서 말했다. "이메일 주소 목록은 다 준비되어 있어요. 슬라이드에 넣고 싶으신 정보만 주시면 나머지는 제가 알아서 처리할게요."

"좋습니다. 교인들에게 설문 조사에 답할 시간을 2~3주쯤 주고, 열흘 정도 지나서 이메일로 한 번 더 상기시켜 주면 좋을 것 같아요. 이 웹 사이트를 보면, 보고서는 금방 나온다고 하네요. 다음 달 TF 회의에 맞춰 모든 자료를 준비하는 걸로 하죠."

이후 몇 주간 올리버가 '당신의 교회를 알라' 설문 조사의 결과를 기다리는 동안, TF의 나머지 구성원은 각자 맡은 사람들에게 연락을 취했다.

———————

엠마 록웰은 한동안 교회에 열심히 나오다가 전에 비해 잘 나오지 않거나 이제는 아예 안 나오는 가정 중 두 가정과의 인터뷰를 맡았고, 그중 먼저 질 리드를 만났다.

두 사람은 한때 피자 가게였던 그 동네 인기 있는 카페에서 만났다. 이 카페는 부근의 여느 카페들보다 테이블 사이의 거리가 훨씬 떨어져 있어 사적인 이야기를 나누기가 좋았다. 질은 자신의 생각을 나눌 수 있게 되어 좋다고 말했고, 엠마는 조지가 틀을 정해 준 질문들로 대화를 시작했다.

"교회에 대해 어떻게 생각하나요?"

"어쩌다가 전보다 교회에 덜 참여하게 되었나요?"

"아예 주일에 나오지 않게 된 이유는 뭔가요?"

질 리드가 하나씩 답변하기 시작했다. "아시다시피 저

는 주일학교에서 봉사했어요. 저희 아이 셋이 주일학교에 다니니까 그 봉사가 저한테 잘 맞아 보였죠. 실제로도 좋았어요. 문제는 주로 아이들과만 어울리고, 교회 안의 다른 성도들과 교제할 기회는 별로 없다는 거였어요. 또 저는 집안 살림을 도맡아 하면서 보험 사무실 관리자로 일하고 있어요. 그래서 주중에는 성경 공부 모임에 참석할 짬이 전혀 나질 않아요."

"소그룹 모임은 어때요?" 엠마가 끼어들었다. "왜, 저녁에 만나는 모임 있잖아요."

"음, 아시는지 모르겠지만 남편과 저는 둘 다 재혼이에요. 남편은 가톨릭 집안에서 자라서 교회에 가는 데 별로 관심이 없어요. 내가 아이들을 데리고 교회에 가는 건 뭐라고 하지 않지만 자기는 일요일에 할 일이 많다고 해요. 그래서 저 혼자 소그룹 모임에 가는 게 내키지 않았어요. 어디서든 어색하게 있고 싶지 않아요."

"그러니까 예전에는 이런저런 교회 활동에 참여했지만⋯⋯."

"바로 그거예요. 교회 일은 정말 많아요. 하다 보면 정신없이 바빠요. 하지만 교회 사람들과 서로 진짜 연결되었다고는 별로 느껴지지 않았어요. 저 나름대로 열심히 교회 활동은 한 것 같은데 아무도 제게 진정으로 관심을 가져 주지는 않았던 것 같아요."

"아, 정말 미안해요." 엠마가 말했다.

"그냥 그렇다는 거예요. 기분 나쁜 정도는 아니에요."

조지 미란다는 행크(Hank)·레베카 스티븐슨(Rebecca Stevenson) 부부를 만났다. 둘은 조지가 거의 20년간 알고 지낸 부부였다. 그 20년 동안 이 부부는 교회에서 수많은 일을 도맡아 섬겼다. 부부는 집에서 인터뷰를 하자고 조지를 초대했다. 그들은 기꺼이 교회에 관한 이런저런 대화를 나누었지만 그들의 반응 이면에 말로 표현하지 않은 뭔가가 있는 것 같았다. 마침내 레베카가 불쑥 그 이야기를 꺼냈다.

"장로님, 실은 남편과 제가 잠시 섬김을 쉬기로 했어요. 결혼한 뒤 내내 교회에서 꾸준히 사역을 했어요. 저희 부부의 몫은 충분히 채운 것 같아요. 이제 다른 분들이 나서야 할 때라고 생각해요."

행크는 아내의 말이 맞다는 듯 고개를 끄덕였다. 그는 말을 아꼈지만 그가 보이는 태도가 이미 많은 것을 말해 주었다. 그는 지쳐 있었고, 이제 교회 활동을 좀 쉬고 싶었다.

조지는 부부의 말에 뭐라고 답해야 할지 떠오르지 않았다. 그는 몇 분 더 공손한 대화를 나눈 뒤 시간을 내줘서 고맙다고 말하고서 자리에서 일어났다.

"장로님, 걱정하지 마세요. 그래도 주일 아침 예배는 계속 나갈 거예요. 다만 저희만의 시간이 필요할 뿐이에요." 레베카가 말했다.

———————

롭 비처가 인터뷰한 가족 중 하나는 마크(Mark)·케이트 오브리엔(Kate O'Brien) 부부였다. 둘은 열두 살이 안 된 어린 네 자녀를 둔 젊은 부부였다. 그들이 들려준 이야기는 제법 익숙한 사연이었다.

먼저 마크가 말을 꺼냈다. "운동 시합에서 발레 수업, 악기 연주 발표회까지 아이들 교육 때문에 정신없이 바빠요. 아시다시피 스포츠 행사가 주일 아침에 많잖아요. 설령 주일에 아무 활동이 없어도 평일 활동으로 너무 지쳐서 주일에 교회를 쉬곤 해요. 사실 지난여름에는 소프트볼 시합으로 여기저기 다니느라 6주 연속으로 교회를 빠졌어요."

"오랫동안 교회에 못 갔을 때 다른 교인 분들이 두 분을 보고 싶어 했을 거라고 생각하시나요?" 롭이 물었다.

이번에는 케이트가 대답했다. "물론이죠. 문자 메시지도 자주 받고 SNS로도 연락이 왔어요. 그리고 모두 잘했다고 하셨어요. 다들 이해해 주셨죠. 우리와 같은 상황인 분들도 많고요. 가족 일이 너무 바쁠 때는 매 주일 교회에 나갈 수는 없어요."

———————

베키 가너는 딘(Dean)·마리아 코빙턴(Maria Covington) 부부를 만났다. 40대 후반의 이 부부는 코로나19 팬데믹 이후 대면 예배로 돌아오지 않았다.

"우리는 교회를 너무 자주 가는 것 같아요." 마리아는 "너무 자주"라는 부분에서 손가락으로 따옴표 표시를 하며 강조했다. "교회는 건물이 아니에요. 사람들이죠. 우리가 어디에 있는지는 중요하지 않아요. 꼭 다 함께 교회 건물 안에 있을 필요는 없어요. 아니, 함께 있을 필요도 없죠. 우리 한 사람 한 사람이 어디에 있든 다 교회니까요."

이번에는 딘이 이렇게 덧붙였다. "그래도 소그룹 모임

에는 종종 다시 참석했어요. 소그룹 모임이 우리 스케줄과 더 잘 맞는 것 같아요."

———————

베키는 코빙턴 부부를 만난 뒤에 비공식적인 보고를 위해 비전 TF의 다른 일원들에게 전화를 걸었다. 그러고 나서 올리버의 사무실에 들렀다.

"간사님, 무슨 일이세요?"

"목사님, 비전 TF 일원들이 예전 교인들과 지금 다니는 교인들을 만나 이야기 나눈 거 아시죠?"

"그럼요. 조지 장로님이 내가 직접 관여하는 걸 원치 않은 이유를 충분히 이해해요."

"다음 회의는 3일 후지만 TF의 다른 일원들이 어떤 내용을 들었는지 궁금했어요. 그래서 조지 장로님과 엠마 집사님, 롭 집사님에게 전화해서 비공식적인 보고를 들었답니다."

"그래서요?"

"여러 보고를 들고서 정리한 내용을 목사님께 전해 드려야겠다고 생각했어요. 목사님이 아무 대비도 없이 회의에 참석하시면 안 되잖아요. 다만 몇 가지 내용에 충격을 받으실까 걱정이 되네요."

실제로 베키가 걱정할 만했다. 다 듣고 난 올리버는 역시나 흥분했다. "교회를 쉰다고요? 자신의 시간을 다 채웠으니 이제 다른 사람이 나서야 할 때라고요? 가족 일로 바빠서 교회에 갈 수 없다고요? 교회가 꼭 어디서 함께 모여야 하는 건 아니라고요?"

이는 다름 아닌, 이 교회에 한참 몸담았다는 사람들 입에서 나온 말이었다. 그들은 불신자가 아니었다. '무교인'이 아니었다. 이 부부들 가운데 일부는 말 그대로 교회에서 가장 활발하게 활동하는 교인들이었다. 얼마 전까지만 해도 그들은 주일예배에 거의 빠지지 않았다. 수요일 저녁 예배에도 자주 참석했다.

"대체 무슨 일이 벌어지고 있는 거죠?" 올리버는 충격에 두 손으로 얼굴을 감쌌다. "우리 문화가 어떻게 변했기에 교회에서 섬기는 걸 마치 교도소에서 복역하는 것처럼 말하는 거죠? 시간을 채우고 있다고요? 어쩌다가 믿음의 형제자매들과 모여서 하나님을 예배하는 것보다 아이들 운동 시합이 더 중요해졌죠? 어쩌다가 교회 출석이 수많은 선택 사항 중 가장 뒷전으로 밀린 거죠? 얼만 전까지만 해도 대부분의 교인들에게 교회 출석이 최우선 사항이었는데…… . 다른 일은 다 교회 출석 다음이었어요. '헌신'은 다 어디로 간 거죠? 우리 교인들이 다 어디로 간 겁니까?"

심지어 최악은 따로 있었다. 진짜 폭탄은 같은 날 '당신의 교회를 알라' 설문 조사 결과에서 터졌다.

———————

160개 질문에 대한 응답에는 깊이 생각해야 할 점들이 많았다. 일단 올리버는 보고서 페이지들을 쓱 훑어보았다. 보고서에는 교인들이 한 대답을 초록색(건강한), 노란색(약간 건강한), 빨간색(매우 건강하지 못한)으로 정리한 내용이 포함되어 있었다. 대부분의 범주에는 노란색이 많았다. 하지만 마지막 범주인 '교리'에 이르렀을 때 몇몇 질문이 빨간색으로 표시된 것을 보고는 올리버는 충격을 받아 손을 덜덜 떨었다. 특히 한 질문에 대한 답변을 보고, 그는 망연자실했다.

그리스도와의 인격적인 관계를 통해서만
천국에 들어갈 수 있다.

전적으로 동의한다	19.6%
동의한다	32.7%
잘 모르겠다	18.0%
동의하지 않는다	16.3%
절대 동의하지 않는다	13.4%

올리버는 다리에 힘이 풀려 의자에 주저앉으면서 재빨리 덧셈을 했다. 응답자 중 무려 47.7퍼센트가 예수님이 요한복음 14장 6절에서 자신에 관해 하신 말씀에 대해 잘 모르겠다거나 절대 동의하지 않는다고 답했다.

'어떻게 이런 일이 가능한가? 커넥션교회의 교인이라는 사람이 어떻게 기본적인 교리조차 받아들이지 않을 수 있지? 우리가 어떻게 이런 기본적인 진리의 중요성도 제대로 전해 주지 못했단 말인가!'

올리버는 뒤통수를 세게 얻어 맞은 듯한 충격에 휩싸였다. 그는 하나님의 말씀을 사랑했다. 하나님의 말씀을 진실되게 믿었다. 그런데 어찌된 일인지 그 말씀이 교인들에게 잘 전달되지 않고 있었다.

그가 이 일에 관한 고민을 시작하기도 전에 올리버의 비서 일을 맡고 있는 간사, 캐롤(Carol)이 그를 불렀다. 켄 캐시디에게서 전화가 왔다고 했다.

"목사님이 어떤 회의 중이시든 무조건 바꿔 달라고 해서요. 죄송해요." 캐롤이 민망한 표정으로 말했다.

"아, 오늘보다 더 힘든 날이 또 있을까?" 올리버는 나지막이 투덜거렸다. 하지만 더 힘든 날이 그를 기다리고 있었다.

———————

"켄 집사님, 잠시만 진정해 보세요." 올리버가 이 말을 벌써 몇 번째 했는지 모른다. 이런 대화에 휘말릴 때면 때로 자신이 목사로 부름받은 것이 맞나 의심스러워지기까지 했다.

"하지만, 집사님, 우린 아직 변화를 생각조차 하지 않고 있어요."

"아뇨, 이 설문 조사는 제가 원하는 걸 얻기 위한 술책이 아니에요."

"절대 그렇지 않다니까요."

"아니에요. 조지 장로님이 저를 통제하고 있는 게 아니라고요."

올리버가 한마디를 하면 켄의 열변이 몇 분간 이어졌다. 올리버는 몇 마디도 제대로 하기가 힘들었다.

올리버는 문 쪽으로 갔다가 뒤를 돌아보는 베키의 모습을 곁눈질로 봤다. 올리버는 휴대폰을 든 채로 의자에서 일어나 베키를 따라갔다. 베키가 다시 몸을 돌렸을 때, 올리버가 켄에게 말할 틈을 찾으려고 애쓰면서 자신에게 돌아오라고 손짓하는 모습을 보았다.

"아뇨, 집사님. 그건 아니라고요."

"그런 기분을 느끼셨다면 죄송해요."

다행히도 대화는 곧 끝났다. 휴대폰에서 통화 시간을 보니 꼬박 한 시간이었다. 통화하는 내내 그는 자신도 모르는 일에 관해 켄에게 일장 연설을 들었다.

"짐작했겠지만 우리의 친구 켄 집사님이었어요. 비전 TF가 나와 조지 장로님의 술책이라고 하더군요. 그 어느 교인도 원치 않는 방향으로 교회를 끌고 가기 위한 은밀한 술책이라고 말이에요. TF가 뭘 제안해도 반대할 기세였어요. 간사님도 알다시피 우리는 아직 어디로 가야 할지도 모르는데 말입니다."

올리버의 말에 베키가 분위기를 가라앉히고자 이렇게 말했다. "켄 집사님은 그냥 너무 열정적일 뿐이에요. 그래서 대화가 어떻게 마무리되었나요?"

올리버가 착 가라앉은 목소리로 말했다. "평소처럼 나를 위협했죠. 켄 집사님은 무슨 문제든 전 교인이 투표를 해야 한다고 말했어요. 그리고 그 어떤 변화도 막기 위해 세력을 모을 거라고 하더군요."

올리버는 물을 한 모금 홀짝이고 나서 말을 이어 갔다.

"하지만 솔직히 켄 집사님의 말보다는 설문 조사 결과가 더 신경이 쓰입니다." 올리버는 설문 조사 결과 보고서를 인쇄한 종이를 베키에게 건네면서 마지막 몇 페이지를 보여 주었다.

"20년간 목사로 섬기면서 이 교회 안에서 벌어진 일에 이토록 큰 충격을 받았던 기억이 없어요."

올리버의 얼굴에는 수심이 가득했다. 자신이 섬기는 목사가 그토록 괴로워하는 모습에 베키도 안타까웠다.

"아, 무슨 말을 해야 할지 모르겠네요." 올리버가 더듬거리며 말했다. "나는 성경을 사랑해요. 나는 성경을 가르치는 사람입니다. 그런데 어떻게 교인 중 거의 절반이 기독교의 기본 진리들을 믿지 않을 수 있죠?"

베키가 상냥한 목소리로 말했다. "목사님, 저를 이 교회의 행정 책임 간사로 임명하셨던 때가 기억나세요?"

"물론이죠. 정확히 기억합니다. 이 교회를 위해 정말 잘한 일이었죠." 올리버가 살짝 미소를 머금고서 말했다.

"음, 목사님이 다 기억하지는 못하실 거예요. 하지만 지금과 같은 상황이 되니까 특별히 한 가지가 기억나네요. 예전에 한 2주간 우리는 사방에서 날아드는 반대 의견에 맞섰죠. 너도나도 우리를 비판했지만 목사님은 저를 격려하며 뭐가 중요한지를 일깨워 주셨어요."

베키는 잠시 멈췄다가 다시 말했다. "그때 목사님이 하신 말씀을 지금도 생생하게 기억해요. 목사님은 모든 문제를 정확히 파악하고 하나님의 능력으로 뚫고 나가자고 하셨죠. 저는 정확히 그렇게 했고요. 그때 목사님은 우리가 이길 거라는 사실을 추호도 의심하지 않으셨어요."

베키는 수심이 가득한 올리버의 얼굴을 바라보며 확신에 차서 말했다. "이번에는 제가 목사님께 말씀드릴게요. 모든 문제를 정확히 파악하고 하나님의 능력으로 뚫고 나가시죠."

비전 TF가 다음번 회의로 모였을 때 모든 TF 구성원은 지금까지 이루어진 대화의 결과를 어서 듣고 싶어 했다. 엠마, 베키, 조지, 롭의 보고를 들어 보니 뜻밖의 결과들이 적잖이 있었다.

올리버가 설문 조사 결과와 가장 관심이 필요한 영역들에 관해 자신이 정리한 내용을 인쇄한 종이를 나눠 주면서 말했다. "심지어 이보다 더 충격적인 결과도 있습니다. 하지만 이런 결과가 듣기 힘들다 해도 덕분에 상황을 분명하게 파악할 수 있게 된 것은 감사한 일입니다. 지금까지 목회를 하면서 교회 내 문제를 이토록 간결하고도 명료하게 정리한 보고서는 본 적이 없어요."

베키는 올리버가 이토록 빠른 시간에 마음을 추슬렀다는 사실이 존경스러웠다. 곧 베키는 올리버가 그토록 빨리 회복된 이유를 알게 되었다.

"베키 간사님과 먼저 설문 조사 결과를 훑어보고 나서 집에 돌아와 아내와 이야기를 나누었습니다. 아내가 모든 답을 알지는 못하지만 언제나 좋은 방향을 가리켜 주거든요."

"자, 사모님의 말씀을 들어 봅시다." 조지가 씩 웃으며 말했다.

"아내는 먼저 우리에게 문제, 아니 '큰' 문제가 있다는 사실을 인정하고서 시작해야 한다고 말했어요. 우리가 교인들을 직접 만나 얻은 정보들 외에도, '당신의 교회를 알라' 설문 조사에 참여한 교인 가운데 거의 절반은 예수님이 유일한 구원의 길이라는 사실에 전적으로 동의할 수는 없다고 말했습니다."

테이블 주위로 앉은 모두가 이 말에 동시에 고개를 끄덕였고, 올리버는 말을 계속 이어 나갔다.

"어떻게 이런 일이 가능한지 여전히 이해할 수 없지만, 아내와 저는 성경의 진리들에 관한 가르침이 이루어져야 하는 세 가지 핵심 영역을 살펴보았습니다. 우선은, 제가 설교 시간에 그 진리들을 가르쳐야 합니다. 하지만 현실은 그렇지 못했습니다. 저는 그 진리들을 제대로 가르치지 않고 있었어요."

"그렇지 않아요. 목사님은 언제나 성경의 말씀을 토대로 설교를 하셨어요." 조지가 힘주어 말했다.

"안타깝지만 바로 그게 문제예요." 올리버가 부드러운 목소리로 대답했다. "제 설교 몇 편을 간단히 살펴보았는데, 대부분의 설교가 성경의 진리를 '적용하는' 것에 관한 설교였어요. 진리 자체에 분명히 초점을 맞춘 설교는 별로 없더군요. 물론 조지 장로님은 이 진리들을 가슴 깊이 믿고 있는 줄 압니다. 하지만 저는 설교할 때 핵심 진리들을 충분히 가르치고 있지 않았어요."

올리버가 보니 조지가 깊은 생각에 잠겨 있었다. 조지가 특별히 반박하지 않기에 올리버는 다음 요지로 넘어갔다.

"우리가 핵심 진리들을 가르쳐야 할 두 번째 영역은 소그룹이에요." 올리버는 고개를 돌려 베키의 분위기를 재빨리 살폈다. 베키는 소그룹들을 관리하는 리더이기도 했기 때문이다.

하지만 걱정할 필요는 없었다. 베키는 즉시 그 점을 인정했다. "맞는 말씀이에요. 우리 교회 소그룹 모임에서도 주로 성경을 삶에 적용하는 것에 관한 교재들을 공부하고 있어요. 목사님이 방금 설교에 관해 말씀하셨던 것처럼 저희도 성경의 진리들을 직접적으로 다루기보다는 그 진리들을 삶에 적용하는 문제에 초점을 맞추고 있었어요."

"성경에 관한 분명한 가르침으로 돌아간다고 해서 삶의 적용을 포기할 필요는 없어요. 균형이 필요해요. 하지만 일단 지금은 우리가 믿는 바를 더 분명히 가르칠 방법을 찾아야 합니다." 올리버가 말했다.

"진리에 관한 가르침이 빠져 있다는 세 번째 영역은 무엇인가요?"

엠마는 늘 이렇게 회의를 진행시키는 역할을 맡았다.

올리버가 대답했다. "세 번째 영역은 바로 새 신자 교육입니다. 물론 지금 우리 교회에는 없는 거죠. 과거에 반대가 있었지만 다시 논의해야 할 문제라고 생각합니다."

"아마 다시 논의하게 될 거예요. 그러니까 준비를 해야 합니다." 엠마가 덧붙여 말했다.

올리버의 말이 이어졌다. "새 신자를 교육할 때 모든 사람에게 신앙고백을 인쇄해서 배포해야 합니다. 물론 신앙고백이 우리 교회 웹 사이트에 있기는 하지만 사람들이 그걸 안 볼 수 있으니까요."

"그렇기는 하지만 우리가 해야 할 일은 실패가 진짜든 아니든 실패를 돌아보기보다 앞으로 나아갈 길에 초점을 맞추는 것입니다. 교회를 옳은 궤도로 회복시키기 위해 무엇을 해야 할지를 생각해 봐야 합니다. 일단은 교회가 미처 깨닫지 못한 채 갇혀 있을 수 있는 중요한 문제 하나를 발견했다는 사실에 감사합시다. 덕분에 좀 더 근본적인 문제들을 다룰 수 있게 되었습니다. 자, 이제 그 문제들을 다뤄 봅시다." 조지가 말했다.

이제 올리버는 기도로 모임을 마칠 준비를 했다. 그런

데 이 문제가 단지 거대한 빙산의 일각에 불과하다는 생각을 지울 수 없었다. 실제로, 해야 할 일이 훨씬 더 많다는 사실이 점점 분명하게 드러나고 있었다.

교인들에 대한 교회의 기대 수준이 낮았다

{ 헌신적인 교인들에게서 찾은 실마리 }

이후 며칠간 올리버는 후회와 자괴감 등 밀려오는 여러 감정과 씨름해야 했다. 한편으론 자신이 교인들을 성경을 잘 모르는 사람, 심지어 믿음이 부족한 사람들로 만들었다는 사실에 가슴이 아프면서 부끄러웠다. 그는 성경을 사랑했다. 성경을 가르치는 일을 좋아했다. 하지만 그가 성경을 더 깊이 이해하도록 교인들을 이끌지 못했다는 사실이 여지없이 드러났다.

동시에 약간 안심이 되는 면도 있었다. 문제가 드러나면서 마음이 괴롭기는 했지만 그 문제가 자신이 즉시 다룰 수 있는 문제임이 그나마 다행이었다. 문제는 그에게 성경의 진리에 대한 사랑이 부족한 것이 아니었다. 단지 교인들이 하나님의 말씀을 더 깊이 사랑하도록 이끌지 못한 게 문제였다.

한편, 다른 문제가 더 있음이 분명했다. 올리버는 상황이 이렇게 단순하지만은 않을 거라 생각했다. "뭔가가 더 있어" 하고 혼자 중얼거리는데 누군가 살며시 목양실 문을 두드리는 소리가 났다.

"들어오세요." 지체 없이 올리버가 답했다.

고개를 들어 보니 베키였다. 베키의 얼굴은 "목사님, 좋은 아이디어가 있어요. 아마 마음에 드실 거예요"라고 말하는 듯한 표정이었다.

"세 번째 TF 회의를 최대한 빨리 소집할 수 있을까요?" 베키는 뛰어온 듯 거친 숨을 진정시킬 틈도 없이 곧바로 물었다.

올리버는 그런 베키를 바라보며 웃음을 터뜨렸다. "물론이죠. 그런데 무슨 일로 그러시나요?"

"우리는 그동안 교회에서 전에 비해 활동이 줄거나 이

제는 아예 활동하지 않는 교인들과 이야기를 나누었어요. 하지만 제가 등록 교인 명부를 살피다 보니 현재 '가장' 활동적인 교인들이 눈에 들어오더라고요."

베키의 에너지와 열정은 전염성이 있었다. 올리버는 그녀에게 푹신한 안락의자 중 하나를 가리키며 어서 앉으라고 손짓했다.

"교회에 헌신하지 않아 보이는 사람들 이야기는 충분히 들어 봤어요. 이제 '헌신적인' 교인들을 주의 깊게 살펴봐서 그들에게 배울 점을 찾아봐야 할 때라고 생각해요."

"그거 정말 좋은 생각이군요. 지난 며칠간 부정적인 면들을 살펴봤으니 이제 긍정적인 면을 찾아보는 것도 좋겠네요."

———————

순조롭게 모든 일이 진행되어, 다음 날 오후 4시에 TF 일원 모두가 회의실에서 한자리에 모일 수 있게 되었다. 그 누구도 켄에게 마음을 풀고 합류하라고 권한 사람은 없었다. 은퇴해 시간이 자유로운데도 켄은 모임 시간에 반대했을 것이 분명했다. 당연히 올리버는 켄 없이 회의를 진행하는 편이 낫다고 생각했다.

마지막으로 도착한 사람은 조지였다. 알고 보니 오는 길에 자신의 단골 식당에서 TF 사람들에게 줄 샌드위치와 음료를 사 오느라 늦은 것이었다.

올리버는 속으로 생각했다. '이래서 장로님이 뛰어난 리더시구나. 항상 한발 앞서 생각하고 다른 사람을 먼저 챙기시니 말이야. 진정 종의 마음을 지니신 분이야.'

엠마는 한담으로 시간을 허비하고 싶지 않았다. 모두가 자리에 앉자마자 그녀는 서둘러 식사 기도를 했다. 올리버는 그녀가 다른 사람들처럼 자신에게 기도를 부탁하지 않은 것에 감사했다.

"베키 간사님, 뭘 가져오셨죠?" 엠마가 역시나 주도적으로 나서서 회의를 신속하게 진행시켰다. "간사님이 발견한 사실을 빨리 듣고 싶군요."

"발견한 사실이라기보다는 그냥 데이터라고 말해야 할 것 같아요. 함께 살펴볼 데이터가 있습니다. 제가 입수한 몇 가지 정보를 담은 종이를 나눠 드릴게요. 우리 교회에서 가장 활동적인 성인 교인 43명의 명단이에요."

"흥미로운 접근법이군요. 여기서 '활동적인'은 어떻게 정의하신 거죠?" 조지가 말했다.

"아주 간단한 프로세스예요. 완벽하진 않지만 도움이 될 거라고 생각해요. 먼저 교인들에게 적용되는 가장 흔한 의무나 활동 네 가지를 나열하면서 시작했어요. 그 네 가지는 '정기적인 예배 참석, 소그룹 모임 참여, 최소한 한 가지 사역이나 교회 프로그램 참여, 교회 담장을 넘는 선교 활동 참여'예요. 선교 활동은 전도나 지역사회 섬김 같은 걸 말하고요. '정기적인 헌금'도 포함시킬까 고민했지만 이런 종류의 정보를 공개적으로 논의하는 건 부적절하다고 판단했어요. 심지어 목사님도 교인들이 헌금을 얼마 내는지는 알지 못해요."

베키는 잠시 멈췄다가 자신이 준비한 인쇄물을 보았다. "보다시피 교인의 모든 의무와 활동은 인쇄물 상단에 나열되어 있고, 그 아래를 보면 그 사람이 그 활동에 참여하고 있는지가 표시되어 있어요."

다 함께 인쇄물을 보았다. 올리버는 베키의 접근법이 마음에 들었다.

"이 사람들을 선정한 이유를 아시겠어요?" 베키가 미소를 지으며 물었다.

그러자 엠마가 가장 먼저 대답했다. "이 교인들은 최소한 세 가지 항목에 표시되어 있네요. 네 가지 항목에 표시된 분도 있고요."

조지가 샌드위치를 한 입 물어 삼키면서 말했다. "와, 이 조사 정말 훌륭한데요. 이 네 가지 영역을 교인들의 헌신을 보여 주는 지표로 사용하면 누가 가장 헌신적인 교인인지를 알 수 있겠어요. 간사님이 선정하신 영역들이 헌신의 지표로 삼기에 아주 좋다는 데 전적으로 동의합니다. 다만 헌금도 추가하면 어떨까 합니다. 헌금은 충성의 확실한 지표 중 하나니까요. 예수님은 이렇게 말씀하셨잖아요. '네 보물 있는 그곳에는 네 마음도 있느니라'(마 6:21)."

베키가 다시 미소를 지었다. "헌금 영역을 추가한다고 해도 이 목록이 크게 달라지지는 않을 거예요."

모두가 그 말에 수긍하는 듯했다.

이번에는 롭이 입을 열었다. "방향은 옳다고 생각합니다. 다만 이런 영역이 중요한 '이유'를 잠시 생각해 봐야 하지 않을까요?"

올리버는 건설적인 논의에 마음이 흡족했다. TF가 가고 있는 방향도 마음에 들었다. 그래서 그는 논의를 방해하지 않는 선에서 잠깐 침묵이 흐르는 틈을 타서 재빨리 한 가지 제안을 했다.

"주일예배 출석으로 시작하면 어떨까요? 거의 한 시간

동안 켄 집사님의 이야기를 들었을 때 집사님은 계속해서 출석 문제를 지적했습니다. 켄 집사님은 교회가 이 문제에서 너무 율법주의적이라고 생각하시더군요. 교회는 건물이 아니고 사람들이라는 말을 다들 들어 보신 적이 있을 겁니다."

그러자 엠마가 대답했다. "맞아요. 많이 들어 본 말이에요. 특히, 팬데믹 이후에 더 많이 들었죠. 이 말은 교회에 나오기 싫은 사람들이 쉽게 사용하는 변명거리가 되었어요. 하지만 틀린 말이에요. 물론 교회가 사람들인 건 맞아요. 하지만 그렇다고 해서 사람들이 주기적으로 모여서는 안 된다는 뜻은 아니에요. 그리고 대부분의 모임은 건물 안에서 이루어지죠."

베키가 이렇게 덧붙였다. "저는 최근 몇 달 사이에 여러 교인들에게 히브리서 10장 25절 말씀을 상기시켜 주어야 했어요. '모이기를 폐하는 어떤 사람들의 습관과 같이 하지 말고 오직 권하여 그 날이 가까움을 볼수록 더욱 그리하자'라는 말씀 말이에요."

이번에는 조지가 말했다. "왜 교인들이 예배 참석의 중요성을 의심하는지 이해할 수가 없어요. 우리 소그룹은 신약성경을 공부하고 있는데, 사도행전 2장에서 요한계시록 3장까지 주요 초점은 하나하나의 개교회들이에요. 그리고 이 교회들은 다 예배를 위해 모였고요."

조지가 권위 있게 말하자 회의실 안이 일순간 조용해졌다. 잠시 후 그가 침묵을 깼다. "바울은 '주의 만찬'(성만찬)을 남용한 고린도 교회를 꾸짖을 때 먼저 이렇게 말했어요. '너희가 함께 모여서'(고전 11:20). 보다시피 바울은 '너희가 함께 모이게 되면'이라고 하지 않고 그들이 함께 모일 것을 기정사실로 보고서 말했어요."

올리버는 베키와 조지가 성경에 정통한 데 깊이 감동했다. 커넥션교회 교인 대부분은 성경을 잘 배우지 못했을지 몰라도 이 TF 사람들은 달랐다.

올리버는 회의를 진행시키고자 이렇게 말했다. "좋습니다. 예배 참석의 중요성에 관해서는 모두의 의견이 같은 것 같군요. 그렇다면 소그룹 참여는 어떻습니까? 왜 그게 핵심적인 의무 중 하나일까요?"

엠마가 재빨리 대답했다. "저는 이곳에 이사 오기 전에 샬롯(Charlotte)에 있는 한 교회를 다녔습니다. 그 교회는 소그룹이나 주일학교를 강조하지 않았죠. 그래서 그 교회에서는 진정한 연결을 느끼지 못했답니다. 질 리드 자매님이 말한 것 같은 상황을 저도 겪었죠. 물론 그 교회에서 여러 사역에 참여하기는 했어요. 하지만 사람들과 정말로 친해지고 싶다면 소그룹 활동이 정말 좋아요."

이번에는 롭이 입을 열었다. "아내와 저는 커넥션교회에 등록하기로 결심하기도 전에 이미 소그룹 모임에 참여했습니다. 알고 지내던 친구들의 초대로 참여하게 되었죠. 그래서 우리는 교회에 오기 전부터 이 교인들과 연결되었답니다. 이것이 정말 큰 차이를 만들어 냈어요."

베키는 이렇게 덧붙였다. "우리가 인터뷰했던 교인들, 그러니까 현재 교회에 전혀 혹은 잘 참여하지 않는 교인들 중에 소그룹에 속한 사람은 한 명도 없었어요. 그들이 주일 예배에 아예 참석하지 않거나 점점 덜 참석하게 된 것은 우연이 아니라고 봐야겠군요."

올리버가 말했다. "아하, 소그룹이 교회라는 큰 구조 안에서 사람들에게 소속될 자리를 제공해 줌으로써 사람들을 하나로 뭉쳐 주는, 일종의 접착제와 같다는 말처럼 들리는군요."

그러자 베키가 흥분한 음성으로 말했다. "헌금에서도 같은 현상이 나타나고 있어요. 우리 교회의 헌금 현황에 관한 데이터를 살펴보았어요. 우리 교회 관리 시스템을 사용하면 아주 쉬워요. 소그룹에 속한 교인들의 가족당 헌금 액수를 소그룹에 속하지 않은 교인들과 비교해 봤어요. 그랬더니 어떤 결과가 나왔는지 아세요? 소그룹 모임을 하는 교인들의 가족당 헌금 액수가 무려 다섯 배나 높지 뭐예요!"

조지가 낮게 휘파람을 불었다. "통계적인 차이가 있다는 말은 들은 적이 있어요. 하지만 그 차이가 이렇게 클 줄은 미처 몰랐네요."

잠깐 침묵이 흐른 뒤 올리버는 더 할 말이 있는지 물었다. 아무도 말을 하지 않자 올리버가 말했다. "좋습니다. 주일예배 참석과 소그룹 참여가 우리 교회에 가장 중요한 두 가지 척도라는 점에는 다들 동의하시는 것 같군요. 이제 다음 범주를 살펴봅시다. 교인들의 사역이나 프로그램 참여는 어떤가요? 베키 간사님, 이 범주의 의미를 설명해 주실 수 있을까요?"

"물론입니다. 우리 커넥션교회에는 많은 사역과 프로그램이 있어요. 사실, 너무 많은 것 같기도 해요. 하지만 그건 다른 문제고요. 어쨌든 이 범주는 교인들에게 직접적으로 도움이 되는 활동들을 의미해요. 예를 들어, 조지 장로님은 소그룹의 리더이자 장로님이시죠. 두 책임 다 바로 이 범주에 들어갑니다. 이 책임들은 대체로 교회 내부적으로 반드시 필요한 것이니까요."

엠마가 거들었다. "저는 우리 교회의 찬양 사역 팀을 위해 많은 부분 노력하고 있어요. 저는 성가대를 잘 챙기고 싶어요. 특히 아이들을 위한 찬양 사역 팀에 관심이 많죠. 이런 섬김 역시 교인들을 위한 사역이에요."

그러자 베키가 입을 열었다. "아이들 얘기가 나왔으니까 말인데, 우리 교회는 다른 것보다도 아이들을 위한 사역에 많은 투자를 하고 있어요. 유아부부터 초등부까지 많은 활동이 있죠. 중고등부를 위한 사역도 많고요. 다만 중고등부는 아동부만큼 자원해서 섬기는 사람이 충분하지는 않아요."

그러자 조지가 말했다. "교인들을 위한 사역이나 프로그램이 없는 교회는 있을 수 없겠죠. 자, 다음 범주로 넘어가 볼까요?"

이에 아무도 이의를 제기하는 사람이 없었다.

———————

베키가 정리한 범주들 중에서 마지막 범주에 대해 엠마가 가장 먼저 입을 열었다. "이 문제는 좀 복잡해요. 원래 우리 교회는 우간다에서 사역을 했죠. 저도 우간다의 수도인 캄팔라(Kampala)에 네 번이나 선교 여행을 다녀왔어요.

선교 여행이 교회 담장을 넘는 사역에 포함되는 게 맞죠?"

베키가 고개를 끄덕였다. "당연하죠. 선교 여행은 주로 교회 밖에 있는 이들에게 도움을 주기 위한 사역이에요. 우간다 사역은 교회 담장을 넘는 사역이라고 봐야죠."

"우리가 우간다 선교 여행을 추진한 지는 꽤 오래되었어요. 그런데 이 사역이 어떻게 된 거죠?" 조지가 말했다.

올리버는 이 상황을 잘 알고 있었다. 실로 안타까운 상황이었다. "칼(Carl)·프리다 업쇼(Freida Upshaw) 부부가 그 사역을 시작했어요. 두 분 다 동아프리카에서 선교사로 섬겼죠. 그런데 그만 칼 선교사님이 교통사고로 세상을 떠나셨고, 프리다 선교사님은 자녀들이 있는 플로리다주로 이사하셨어요."

"아…… 세인트피터스버그(St. Petersburg)로 이사하신 기억이 납니다. 칼 선교사님과 프리다 선교사님이 우간다 사역의 중심에 계셨던 걸 까마득히 잊고 있었네요." 조지가 말했다.

"안타깝게도 칼 선교사님이 돌아가신 뒤 그 사역은 잠정 중단되고 말았죠."

올리버의 말에 엠마가 물었다. "이 범주에 속하는 다른 사역들에는 뭐가 있죠?"

"롤리 도심 속 노숙자들에게 밥과 물을 제공하는 사역에 6~7명의 교인이 참여하고 있어요. 이것도 포함시켜야 해요." 베키가 말했다.

"저도 이 범주에 포함시켜야 한다고 생각하는 게 있어요. 단, 이 문제는 우리가 하지 말아야 할 뭔가를 하고 있다는 것이 아니라 해야 할 뭔가를 하지 않고 있다는 거예요. 사실, 이 영역은 우리 교회가 가장 부족한 영역이 아닐까 하는 생각이 듭니다."

올리버의 말에 조지가 말했다. "심각한 문제 같습니다."

"너무 부정적으로 이야기할 생각은 없었습니다. 하지만 이 문제가 중요한 것만큼은 사실입니다. 지금의 우리 교회는 복음을 전하는 교회가 아닙니다. 우리는 지상대명령에 따라 지역사회로 들어가 복음을 전해야 한다는 걸 알고 있습니다. 하지만 지금 우리 교회는 그렇게 하고 있지 않아요. 이건 전적으로 목사인 제 책임입니다."

그러자 엠마가 말했다. "우리 모두의 책임이죠."

올리버의 말이 계속 이어졌다. "여기 노스캐롤라이나 주는 역사상 가장 위대한 복음 전도자 중 한 명인 빌리 그레이엄(Billy Graham) 목사님의 고향입니다. 목사님은 애슈빌(Asheville) 근처 몬트리트(Montreat)에서 사셨죠. 그분이 설립

하신 훈련 센터, 코브(Cove)는 애슈빌 바로 외곽에 있습니다. 빌리 그레이엄 도서관(The Billy Graham Library)은 샬롯에 있고요. 빌리 그레이엄 목사님과 루스 그레이엄(Ruth Graham) 사모님은 그 도서관 근처의 기도 동산에 묻히셨습니다."

올리버는 자신의 감정이 얼마나 격해졌는지를 깨닫지 못했다. "이 비전 TF의 중요한 열매 중 하나는 우리 교회가 지역사회에 복음을 전하는 교회로 변화되는 것일지도 모르겠습니다."

베키가 놀란 표정으로 올리버를 바라보았다. 베키는 수년 동안 올리버와 함께 사역했지만 올리버가 복음 전도에 관해 무슨 말을 하는 것을 한 번도 들은 적이 없었다.

'이 TF가 우리 교회를 정말 옳은 방향으로 이끌어 주고 있는 것 같아.' 베키는 그런 생각을 했다.

이번엔 엠마가 나섰다. "목사님, 이건 분명 다시 의논해야 할 문제예요. 하지만 일단 지금은 하던 이야기를 계속해야 할 것 같습니다. 어떠세요?"

올리버가 고개를 끄덕이자 엠마가 계속해서 말했다. "간사님, 이 분석이 정말 훌륭합니다. 서너 개 항목에 표시된 교인이 43명보다 많았으면 좋겠지만 그래도 43명이나 있다는 게 어딥니까? '왜?'라는 질문을 던지기 전에 우리가 간사님이 제시한 데이터에 관해 더 알아야 할 것이 있나요?"

"몇 가지 흥미로운 데이터가 더 있어요. 먼저, 세 가지 항목에만 표시된 교인들은 대부분 '교회 담장을 넘는 사역' 항목에 표시되어 있지 않아요. 물론 몇 명 예외는 있지만 주된 패턴이 그래요."

"뜻밖이라고 말하면 좋겠지만 그럴 수 없네요." 올리버가 말했다. 아까 빌리 그레이엄에 관해 말할 때부터 뛰던 심장이 여전히 쿵쾅거리고 있었다.

베키의 말이 이어졌다. "두 번째로 흥미로운 사실은 이 43명 중에서 36명이 다른 교회에서 신앙생활을 하다가 성인이 되어서 우리 교회에 왔다는 거예요. 단 일곱 명만 우리 교회에서 쭉 신앙생활을 해 온 교인들입니다."

조지가 거들었다. "정말 흥미로운 사실이군요. 오늘 회의를 마치기 전에 이 문제를 깊이 파헤칠 필요성이 있어 보입니다. 하지만 일단 베키 간사님 말씀을 끝까지 들어 보고 싶군요. 달리 또 하실 말씀이 있으신가요?"

베키는 심호흡을 하고서 강한 어조로 말했다. "충격적인 사실이 하나 있어요. 바로 이 43명이 우리 교회의 전체 헌금 중 89퍼센트를 담당하고 있답니다."

다들 이 새로운 정보가 가져다준 충격을 받아들이느라

회의실이 순간 조용해졌다.

"잠깐, 다시 한 번 말씀해 주실 수 있나요?" 조지는 자신이 제대로 들은 것이 맞는지 확인하고 싶었다.

"가장 활동적인 교인인 이 43명이 우리 교회 전체 헌금의 89퍼센트를 책임지고 있어요. 우리 교회의 총 교인 수는 425명이죠. 주일 평균 출석 교인 수는 206명이고요. 그런데 총 등록 교인의 10퍼센트가 전체 헌금의 거의 90퍼센트를 담당하고 있다는 말입니다."

엠마는 휴대폰의 계산기를 두드렸다. "그렇다면 순전히 통계적인 관점에서 보면 등록 교인 명부에서 382명이 사라져도 전체 헌금 액수의 11퍼센트만 사라지는 셈이군요."

조지도 자신의 휴대폰을 보며 말했다. "정말 놀라운 사실이군요. 회의가 오늘 저녁 8시를 넘지 않기로 정한 걸로 아는데 지금이 7시 53분입니다. 하지만 다들 동의하신다면 회의를 한 시간만 더 연장했으면 좋겠는데요. 눈에 띄는 진전이 나타나기 시작한 것 같습니다."

"좋습니다. 다만 5분만 쉬었다가 하죠."

올리버의 말에 모두가 고개를 끄덕였다.

잠시 후 회의가 재개되자, 올리버가 말했다. "솔직히 회의가 이런 방향으로 이어질지는 예상치 못했습니다. 실망했다는 건 아니고, 좀 뜻밖이라는 말이에요."

올리버는 이 모든 데이터를 이해하려고 최선을 다하고 있었다. 그는 목사가 설교와 목회적 돌봄만 했으면 좋겠다는 말을 늘 입에 달고 살았다. 대부분의 교인은 목사가 얼마나 많은 책임을 맡아야 하는지 전혀 알지 못했다.

'이럴 때 의지할 만한 사람이 있지.'

올리버는 베키 쪽으로 시선을 돌렸다. "베키 간사님, 저는 간사님을 잘 압니다. 간사님은 이런 데이터에 대해 많은 고민을 해 보신 줄 압니다. 어떤 아이디어나 결론이 있었나요?"

그러자 베키가 머뭇거리며 조심스럽게 말했다. "음, 그건…… 제가 정답을 알고 있는 것처럼 굴고 싶지는 않아요. 먼저 다른 분들의 생각을 더 들어 보는 게 좋지 않을까요?"

그 즉시 조지가 더없이 진지한 투로 말했다. "간사님, 형식에 대해서는 걱정하지 마세요. 좋은 생각이 있으면 어떤 의견이든 들어 봅시다. 의견이 있다면 망설이지 말고 말씀해 주세요."

"좋습니다. 우리 교회는 작지도 크지도 않아요. 그건 우리 교회가 다양한 부류로 이루어져 있으면서도 서로가 서로를 잘 모를 만큼 크지는 않다는 뜻이죠."

엠마가 끼어들었다. "맞아요. 간사님은 교인들과 교회의 상황을 잘 알고 계시죠."

베키의 말이 이어졌다. "제가 본 사실은 이거예요. 헌신적인 그 43명의 교인들은 대부분 다른 교회에서 신앙생활을 하다가 성인이 되어서 우리 교회에 왔어요. 오랫동안 그들과 이야기를 하면서 발견한 한 가지 공통점은 높은 기준을 가진 교회들에서 왔다는 거예요."

조지가 끼어들었다. "'높은 기준'이란 뭘 뜻하는지 자세히 말씀해 주실 수 있나요?"

"'기준' 대신 '기대'라는 단어를 써도 됩니다. 그들은 교인들에 대한 기대 수준이 높은 교회들에 다니다가 우리 교회로 왔어요."

"무슨 말씀인지 알 것 같네요. 다들 '2차 대전'을 기억하시죠? 5년 전에 발발했던 것 같은데요."

올리버의 말에 엠마가 대답했다. "어떻게 잊을 수 있겠어요? 1차 대전은 교회 이름 변경을 둘러싼 전쟁이었잖아요. 2차 대전은 새 신자 교육 반 신설을 둘러싼 전쟁이었고요. 물론 두 전쟁 모두에서 켄 캐시디 집사님이 최전선에 있었죠."

올리버가 계속해서 말했다. "필요한 정보를 제공하고 교인들에 대한 기대 사항을 분명하게 전달하기 위한 일종의 입문 교육이 필요하다고 생각했습니다. 제가 교인들에게 뭔가를 하라고 과감하게 말하지 못한다는 걸 잘 알고 있습니다. 그래서 베키 간사님의 표현을 빌리자면, 새 신자 교육반 도입은 '기준을 높이기' 위한 제 나름의 시도였습니다."

올리버는 몇 초간 말을 멈추었다가 비전 TF의 일원들을 둘러보았다. 자신이 이토록 훌륭한 리더들과 함께 사역하고 있다는 사실이 꿈만 같았다. 그들의 얼굴에서 자신이 가려는 방향을 진심으로 따르고 있다는 게 느껴졌다.

"요지는 이겁니다. 켄 집사님이 몇몇 교인들을 모아서 새 신자 교육에 반대했을 때 저는 무릎을 꿇고야 말았습니다. 그때 갈등을 무릅쓰고라도 맞서야 했어요."

"그때 목사님을 좀 더 잘 돕지 못한 저희도 잘못이 큽니다. 켄 집사님 뜻대로 하는 게 실수라는 걸 알면서도 목사님을 충분히 지지하지 못했습니다." 조지가 말했다.

"어쨌든 지금 우리 교회는 기준이 낮은 교회입니다. 이건 분명해요. 우리가 교인들에게 아무것도 기대하지 않는다면 말 그대로 아무것도 이루지 못할 겁니다."

이번에는 엠마가 말했다. "분명 이 부분이 헌신이 부족한 이유 중 하나예요. 목사님이 '교인이 다 어디로 간 겁니까?'라고 물으셨다고 전해 들었는데요. 교인들이 교회에 자주 나와 교회 일에 적극적으로 참여하기를 기대하지 않는 한 그들은 움직이지 않을 겁니다. 최소한 요즘 문화는 그런 것 같아요."

올리버는 놀라움을 금할 수 없었다. TF가 일을 이렇게 빨리 진행시킬 줄은 몰랐다. 베키의 표정을 보니 무슨 생각을 하고 있는지 알 것 같았다. 그녀는 이 모든 정보가 담임목사에게 상처가 될까 봐 걱정하고 있었다. 그는 오해를 바로잡아 줄 필요성을 느꼈다.

"간사님, 이런 데이터에 제가 상처를 받았을까 봐 걱정하시는 것 같군요. 이게 다 제가 지난 8년간 목회를 하면서 일어난 일이니까요. 하지만 오히려 답답했던 속이 확 풀렸다는 말을 하고 싶어요. 우리 교회에 뭔가 문제가 있다는 느낌을 진작부터 받고 있었죠. 아마 다들 그랬을 거예요. 이제 우리를 망가뜨리고 있던 중요한 문제들을 발견하기 시작했어요. 결국 우리 교회를 죽일 수도 있는 치명적인 문제들이죠. 하지만 이제 그 문제들을 찾았으니 오히려 잘된 일입니다. 이제 그 문제들을 놓고 기도하며 해법을 찾아갈 수 있잖아요."

회의실은 조용했다. 하지만 답답함이나 절망감으로 조용한 것은 아니었다. 여전히 난관이 존재함에도 성공적으로 나아갈 수 있다는 확신이 전에 없이 강해져 있었다.

하지만 앞으로 나아갈 길에 걸림돌이 없지는 않았다. 사실, 그들은 전혀 모르고 있었지만, 같은 시각 다른 곳에서는 또 다른 회의가 열리고 있었다. 바로 켄 캐시디가 헛소문을 퍼뜨리며 세력을 모으고 있었다.

✦ 실태 파악 3 ✦
'교인'이 뭔지 모르는 교인이 수두룩했다

{ '등록 교인'이란 우대 혜택이 따르는 한낱 교회 회원? }

오후 4시쯤, 올리버는 목양실을 나섰다. 평소보다 이른 퇴근이었다. 그와 아내 멜라니는 첫 데이트 기념일에 단골 식당에서 저녁을 먹는 전통을 지금껏 유지해 왔다. 결혼기념일만큼 화려하게 보내지는 않아도 올리버에게는 이 시간이 더없이 소중했고 즐거웠다.

올리버는 잠시, 아내를 처음 만난 순간을 떠올렸다. 당시 아내의 걸음걸이, 자신감 넘치게 고개를 살짝 기울였던 모습, 장난기 가득한 눈……. 그는 항상 젊은이들에게 '첫눈에 빠지는 사랑'을 조심하라고 조언했건만 정작 그가 열일곱 살에 아내를 만날 때는 귀에 들어오지 않던 조언이었다. 한편, 내향적이었던 그가 아내에게 처음 데이트를 신청하기 위해서는 적어도 남들보다 두 배의 용기가 필요했다.

'아내를 안 지 40년이 넘었고, 우리가 결혼해서 살아온 세월이 벌써 37년이나 되었다니……. 해를 거듭할수록 내가 아내를 얼마나 사랑하고 아내가 내게 얼마나 복된 존재인지 더 크게 느껴져.' 올리버는 잠시 이런저런 상념에 잠겼다.

물론 결혼한 지 10년쯤 지났을 때 폭풍 같은 시간이 찾아오기도 했다. 둘 다 이혼이라는 단어를 입 밖에 꺼내지는 않았지만 그래도 같이 살아야 할지 말아야 할지 진지하게 고민했던 시간들이 있었다.

아내와의 관계에서 또 다른 위기를 맞고 싶은 마음은 추호도 없었지만 그는 젊은 시절에 힘든 시간을 함께 이겨낸 덕분에 오늘 부부의 관계가 훨씬 더 강해졌다고 믿었다. 온갖 시련을 함께 겪으며 아내에게 전보다 더욱더 헌신하게 되었다. 아내도 똑같은 심정이리라.

식당은 토머스 스테이크하우스(Thomas's Steakhouse)로 예약했다. 교회에서 그리 멀지 않은 작은 시내에 자리한 식당이었다. 두 사람은 스테이크를 즐겨 먹지는 않았지만, 가끔씩 예외적으로 하는 이런 외출은 두고두고 간직할 부부 간의 즐거운 추억거리였다. 토머스 스테이크하우스는 5년 전 문을 연 뒤로 특별한 행사마다 이 부부가 즐겨 찾는 곳이 되었다. 올리버는 늘 그곳에 가는 날을 고대했다.

올리버가 집에 도착했을 때 멜라니는 벌써 나갈 채비를 거의 다 마친 상태였다. 밝은 파랑색 원피스를 입은 모습이 그 어느 때보다도 아름다워 보였다.

'물론 내 눈에는 항상 예뻐 보이지만.'

예약 시간은 5시였고, 멜라니는 차에 타면서 갑자기 장난꾸러기처럼 웃었다.

"아가씨, 뭐가 그리 재밌으신가요?" 올리버가 환하게 웃으며 물었다.

"역시 우리는 이제 공식적으로 어쩔 수 없는 노인이네요. 이렇게 일찍 저녁을 먹으러 가니까요."

올리버는 왜 항상 자신이 테이블에 앉자마자 메뉴판을 보는지 알 수 없었다. 뭘 시킬지는 이미 정해져 있었다. 어쩌면 가격이 기적적으로 내려갔는지를 확인하려는 것인지도 몰랐다. 역시나 이번에도 가격은 내려가지 않았다.

'그래서 우리가 이곳에 일 년에 두세 번만 오는 거지.'

여느 때처럼 둘 다 작은 안심 스테이크를 주문했다. 멜라니는 항상 웰던에 버터플라이 컷으로 주문했다. 올리버는 미디엄 레어를 선호했다. 그는 아내가 왜 부드러운 고기를 망치는 편을 선택하는지 정말 이해할 수 없었다.

둘은 음식이 나오기를 기다리는 동안 아이들과 집안 식구들, 또 이웃에 관한 대화를 나누었다. 그러다 갑자기 멜라니가 진지한 이야기를 꺼냈다.

"여보, 요즘 좀 불안해 보여요. 우리가 이사를 했던 시기와 분위기가 비슷해요. 혹시 교회를 떠날 생각이라도 하고 있나요?"

올리버는 씩 웃었다. 자신의 기분을 정확히 읽어 내는 아내의 능력은 항상 놀라웠다. 멜라니는 이번에도 남편의 마음을 읽어 냈다. 하지만 이번에는 100퍼센트 정확하지는 않았다.

"당신의 눈은 항상 정확해요. 다만 이번의 불안감은 좀 달라요. 교회를 떠날 생각은 전혀 없어요. 하나님이 이곳에서 내 리더십에 관해 어떤 역사를 펼치고 계신 것 같아요. 이상하게 들릴지 모르지만 내 소명은 다른 교회로 떠나는 게 아니라 이 교회를 새로운 교회로 만드는 것 같아요."

"비전 TF 회의를 하고 나서 불안해진 건가요?"

"그렇기도 하고 아니기도 해요. 그전부터 불안했던 것 같아요. 사실, 불안해서 그 모임을 소집한 거죠. TF가 밝혀 낸 사실 중에 우려스러운 것들이 있기는 했어요. 그래서 엄밀히 말하자면, TF가 불안을 유발한 건 아니지만, 그렇다고 해서 내 불안을 덜어 준 것도 아니에요."

음식이 나오자 두 사람은 잠시 하던 대화를 멈추었다. 올리버는 배가 고팠고, 스테이크는 먹음직스럽게 보였다. 스테이크를 잘라 입에 문 순간, 두 사람은 동시에 탄성을 질렀다. "아주 완벽해!"

올리버는 안심 스테이크 한 점을 보다 천천히 즐겼다. 하지만 고기를 목에 넘긴 뒤에는 TF에 관한 자신의 생각을 정리하고 싶었다.

"TF가 나를 더 불안하게 만든 건 사실이지만…… 덕분에 내 리더십과 교회의 미래에 관해 더 분명히 알게 된 것도 사실이에요."

멜라니가 부드러운 미소로 바라보았고, 올리버는 그것으로 대화를 마무리했다. "일 얘기는 이제 그만 하고, 이 안심 스테이크가 완벽할 때 이 순간을 즐깁시다."

베키는 다음 날 아침 8시에 올리버를 만나기로 약속했다. 그녀는 30분 이상의 시간이 필요해 보이는 일은 무조건 일정표에 기입하는 습관이 있었다. 상호 합의 하에 두 사람은 항상 밖에서 안을 볼 수 있도록 삼면이 유리인 작은 회의실에서 만났다.

올리버는 이른 아침, 베키가 평소처럼 긍정 에너지와 열정, 결단력의 삼두마차를 끌고 찾아오리라고 확신했다. 여지없이 베키는 늘 같은 말로 회의를 시작했다.

"많이 생각해 봤는데요." 예상대로 들어맞은 베키의 첫 마디에 올리버는 웃음을 참으려고 애썼다. "어제 저녁에 우리는 헌신, 혹은 헌신이 부족한 것에 관해 많은 이야기를 나누었잖아요. 우리 교회에서 가장 헌신적인 교인 43명에 관해 살펴보았죠. 그 43명 중 36명은 다른 교회에서 온 사람들이었고요."

올리버는 말없이 고개를 끄덕였다. 베키의 생각의 흐름을 방해하고 싶지 않았다.

"그 36명과 모두 이야기를 나눠 보지는 못했지만 그들 대다수의 말을 들어 봤어요. 간단한 질문 하나를 던졌죠. '이

전 교회에 등록하기 전에 교인 등록 교육을 받아야 했나요?"

베키는 잠시 뜸을 들였다.

그러자 올리버가 참지 못하고 물었다. "그래서요? 그래서 뭘 발견했죠?"

베키는 보물을 발견한 것처럼 환한 미소를 지었다. "지금까지 모든 사람이 '그렇다'라고 답했답니다."

"모두가요?"

"네, 100퍼센트요." 베키가 만족스러운 투로 말했다.

"와! 연구가들은 상관관계가 꼭 인과관계는 아니라고 말하지만, 어쨌든 이건 정말 소중한 정보네요."

"이제 목사님이 부임하신 뒤 우리 교회에서 벌어졌던 두 번째 대규모 전쟁을 생각해 보세요."

"아, 맞아요. 켄 집사님이 새 신자 교육반 개설을 막기 위해 교회에 분열을 일으켰죠. 켄 집사님은 율법주의니 통제니 하면서 내게 소리를 질렀어요. 결국 나는 항복하고 말았죠. 나약했어요."

베키가 미소를 지었다. "너무 자책하지 마세요. 어쨌든 비전 TF 회의를 하면서 이 단계가 우리의 미래를 위한 중요한 부분이 될 거라는 생각이 들었어요. 교회가 새 신자들에게 정보를 제공하고 기대 사항들을 알리는 시간이 반드시 필요해요."

"잠깐만요. 간사님, 마지막에 뭐라고 했죠?"

베키는 잠시 생각하더니 마지막 문장을 거의 그대로 다시 말했다. "교회가 새 신자들에게 정보를 제공하고 기대 사항들을 알리는 시간이 필요해요."

"와! 간사님이 뭔가 중요한 걸 알아낼 줄 알았어요. 예전에 우리가 교회에 새 신자 교육반을 제안할 때 '기대 사항'에 관한 이야기는 하지 않고 정보를 제공하는 것만 이야기했죠."

"음, 교인들에게 기대 사항에 관한 이야기는 하지 않았어요. 그 대신 우리 리더들은 다른 것에 관한 이야기를 했었죠. 우리가 '교인'(church member)의 의미가 무엇인지 쓴 한 책에 실려 있던 서약서를 가져와 사용하자고 이야기했던 것 기억나지 않으세요?"

"서약서요?" 올리버는 잘 기억이 나지 않았다.

"네, 서약서요. 여기 있어요. 이걸 보세요."

베키는 올리버에게 종이 한 장을 건넸고, 올리버는 그 내용을 천천히 읽어 내려갔다.

나는 신자요, 교인이다.

그리스도인이 된다는 것은 일련의 성경적인 진리들을 믿는다는 뜻이다. 그리스도께서 우리에게 주신 진리들을 받아들이기 전까지는 나를 그리스도의 제자로 볼 수 없다.

나는 제자요, 교인이다.

그리스도인과 교인이 된다는 것은 행동으로 그리스도를 따른다는 뜻이기도 하다. 이는 "예수님이라면 어떻게 하실까?"라고 묻고 그 답에 따라 행동하는 것이다. 실천하는 믿음을 품기 전까지는 나를 그리스도의 제자로 볼 수 없다.

나는 섬기는 교인이다.

그리스도인이 된다는 것은 특히 내가 몸담은 교회를 통해 예수님의 섬김을 본받기 원한다는 뜻이다. 분명 예수님은 섬김을 받기 위해서가 아니라 섬기기 위해 오셨다고 말씀하셨다(막 10:45). 우리 교회 안팎에서 기꺼이 다른 사람들을 섬기기 전까지는 나를 그리스도의 제자로 볼 수 없다.

나는 복음을 증언하는 교인이다.

그리스도인이 된다는 것은 예수님이 이 땅을 떠날 준비를 하면서 모든 민족을 제자로 삼으라고 하셨던 명령에 순종한다는 뜻이다. 내가 본 것을 증언하고 다른 사람들에게 복음을 전하기 전까지는 나를 그리스도의 제자로 볼 수 없다.

나는 기도하는 교인이다.

우리는 예수님이 어떻게 기도하셨고, 기도 중에 어떻게 괴로워하셨으며, 그분의 제자들에게 기도하라고 어떻게 강권하셨는지를 기억한다. 심지어 그분은 지금 우리가 주기도문이라고 부르는 성경 구절(마 6:9~13)에서 제자들에게 기도하는 법도 가르쳐 주셨다. 기도하는 사람이 되기 전까지는 나를 그리스도의 제자요 실질적인 교인으로 볼 수 없다.

나는 헌신된 교인이다.

그리스도에 대한 우리의 믿음과 순종은 개교회라는 공동체 안에서 실천해야 하는 것이다. 이 성경적 진리를 놓쳐서는 안 된다. 교회 등록과 충실한 참석, 개교회 안에서의 사역은 선택적인 것도 율법주의적인 것도 아니다. 교회에 속한다고 해서 내가 구원을 받는 것은 아니지만, 사도행전 2장에서 요한계시록 3장까지 신약성경 전반에 걸쳐 성경의 많은 부분이 개교회들에게 그리고 그 교회들에 관해 쓴 것이라고 말한다. 그리스도인이 되어 개교회를 섬기는 것은 은혜로 용서와 구원을 받은 기쁨을 표현하는 것이다.

나는 그리스도인이요, 교인이다.
그리고 그 사실에 하나님께 감사드린다.*

올리버는 서약서를 읽고서 이렇게 말했다. "훌륭하군요. 정말 마음에 들어요. 교인 등록이 중요한 것임을 분명히 인식시켜야 합니다. 그리고 우리가 교회에 등록하는 모든 사람에게서 무엇을 기대하는지를 분명히 전달해야 해요."

---

* Thom S. Rainer, *I Am a Christian* (Carol Stream, IL: Tyndale Momentum, 2022), 109-111에서 발췌 수정. 톰 레이너, 《나는 그리스도인입니다》(국제제자훈련원 역간).

다음 날 조지는 올리버를 만나기 위해 교회에 들렀다가 복도에서 우연히 베키를 만났다. 마침 베키도 올리버를 만나러 가는 길이었다.

베키는 올리버의 사무실 문 사이로 고개를 살며시 들이밀고는 자신과 조지에게 잠시 시간을 내줄 수 있는지 물었고, 올리버는 두 사람을 흔쾌히 맞아들였다.

먼저 조지가 말했다. "제가 약속 없이 불쑥 방문하는 걸 정말 싫어하지만 아주 잠깐이면 됩니다. 예전에 새 신자 교육반을 추진했다가 실패했던 일에 관해 몇 가지 말씀드릴 게 있어서요."

"흥미로운 이야기일 것 같군요. 무슨 말씀이신가요?"

"켄 집사님이 몇 년 전 소동을 일으켰을 때 목사님이 월권행위를 하신다고 주장하기 위해 두 가지 매우 구체적인 주장을 펼쳤습니다."

그러자 베키가 끼어들었다. "저는 기억이 나지 않네요. 당시 저는 감정과 관계에만 초점을 맞추고 있었나 봐요."

"저도 잘 기억이 나지 않는군요. 자세히 말씀해 주시겠어요?" 올리버가 덧붙였다.

"켄 집사님은 새 신자 교육반을 신설하는 건 마치 게임 도중에 규칙을 바꾸는 행위라고 주장했어요. 당시 우리는 '모든 기존 교인들이 교회에 등록할 때 있던 것과 다른' 새 기준을 받아들일 것을 요구했습니다. 이에 대해 켄 집사님은 '미끼 상술'이라는 표현까지 쓰면서 격렬하게 비난했죠."

"맞아요. 이제 기억납니다." 올리버가 말했다. "우리는 모든 교인이 하나가 되기를 원했어요. 다 같은 교인인데 각자 따로 두 가지 교육을 진행하고 싶지 않았죠."

"음, 그건 실수였던 것 같아요." 조지가 솔직히 인정했다.

올리버는 이맛살을 찌푸렸지만 별다른 말 없이 조지의 설명을 기다렸다.

"최근에 본 통계가 하나 있습니다." 조지의 말이 이어졌다. "새로운 교인들이 유입되지 않으면 일반적인 미국 교회는 출석 교인 수가 매년 거의 3분의 1씩 줄어든다고 합니다."

올리버와 베키는 조지가 건넨 종이의 데이터를 보았다.

"정말 안타깝고…… 놀라운 수치네요." 베키가 놀란 표정으로 말했다.

다시금 베키가 인쇄물의 자료를 또박또박 천천히 읽어 주었다. "일반적인 교회에서는 매년 100명당 한 명꼴로 세상을 떠난다. 매년 100명당 아홉 명이 다른 지역으로 이사를 가고, 100명당 일곱 명이 같은 지역의 다른 교회로 옮긴다. 예배에 전보다 덜 출석하는 교인으로 인한 출석 교인 수 감소는 보통 100명당 열다섯 명이다."

베키는 숫자들을 다시 정독하고 나서 다시 놀라움을 표시했다. "데이터가 놀랍네요. 교회가 현재 상태를 유지하려고만 해도 매년 100명당 3분의 1을 충원해야 해요. 우리 교회의 평균 출석 교인 수는 200명이니까 매년 64명을 충원해야 한다는 뜻이네요. '교인이 다 어디로 갔는가?'라는 물음은 이 데이터만 봐도 대부분 설명이 되네요."

"장로님, 여기 나온 숫자는 충분히 이해가 갑니다." 올리버가 천천히 말을 이었다. "하지만 이런 데이터가 새 신자 교육반과 무슨 상관이 있는지 모르겠습니다."

"그럼 이렇게 생각해 보세요. 어느 교회에서나 교인들이 들어오고 나가는 일이 주기적으로 이루어지죠. 그래서 시간이 지나면 새 신자가 다수가 됩니다."

이 말에 베키가 무릎을 쳤다. "아, 알겠어요! 기존 교인들에게 새 신자 교육을 받으라고 할 필요가 없어요. 그냥 새 신자에게만 기대 사항을 제대로 제시하면 돼죠. 그러면 시간이 지나 그들이 기존 교인들을 대체하고, 우리 교회는 자연스럽게 기준이 높은 교회로 변모할 거예요."

조지가 말했다. "바로 그겁니다! 이 과정을 '기존 신자를 예외로 인정해 주기'(grandfathering)라고 부릅니다. 기존 교인들도 새 신자 교육을 받아도 되지만 의무 사항은 아니에요. 하지만 새 신자들은 모두 교육을 받아야 하기 때문에 시간이 지나면 교회는 새 신자들의 모습을 더 닮아 갈 거예요. 그러면 그들이 등록 교인 자체에 대한 기준을 높일 겁니다."

올리버가 고개를 흔들면서 말했다. "우리가 이렇게 하나를 타협하면 켄 집사님은 명분 하나를 잃겠군요. 그러니까…… 이 방법이 이상적이진 않지만 교회를 분열시키는 것보다는 낫네요."

"교회를 분열시킨 두 번째 문제에 관한 이야기만 잠깐 더 드리고 나서 갈게요." 조지가 말했다.

"네, 어서 해 보세요."

"켄 집사님은 기존 교인들에게 배워야 할 모든 교재를 보여 주었어요. 교육에 들어가는 시간이 많다는 점을 강조하면서 교인들에게 반감을 심어 주었죠. 기억하시는지 모르겠지만 우리는 3일에 걸쳐 진행되는 총 여섯 시간가량의 교육을 제시했습니다."

올리버는 조지가 무슨 이야기를 하려는지 알 것 같았

지만 그가 계속 설명하도록 기다렸다.

"우리가 새 신자 교육반을 위해 제시한 교재의 분량은 시작점으로서는 너무 많았어요. 3일간 저녁 시간을 내는 것은 많은 사람이 받아들이기 힘든 일이죠. 자료를 통합해서 단순화해야 해요. 가장 중요한 요지들에 초점을 맞춰서 한 번에 전달해야 합니다. 음, 아마 한두 시간쯤이 적당할 것 같아요."

"아무래도 그렇게 하는 게 좋겠어요." 베키가 말했다.

올리버는 서서히 이 과정에 속도가 붙는 것 같아 신이 났다. "자, 우리가 새 신자들에게 성경의 기본 진리들을 꾸준히 가르치고, 교인들에 관한 기대 사항을 분명하게 정해서 전달하면 오래지 않아 이 교회는 다시 부흥할 겁니다. 확실히 그게 느껴져요."

───────

조지와 베키가 사무실을 떠난 뒤 올리버는 그들이 도착한 타이밍에 깜짝 놀랐다. 그날 아침, 그는 고린도전서 12~14장을 본문으로 "한 교회의 교인이 되는 것이 무슨 의미일까?"란 제목의 새로운 설교 시리즈를 준비하고 있었기

때문이다. 두 사람의 방문
으로 좀 더 분명한 방향을
얻고, 이 주제를 깊이 탐구
할 열정이 더욱 타올랐다.

올리버는 고린도전서
12장의 배경을 잘 알았음

에도 그 본문을 다시금 숙독했다. 이 서신서에서 사도 바울
은 특별히 교회 안에서 나타나고 있는 영적 은사에 대한 남
용과 오해를 다루고 있다. 바울은 모든 은사가 성령에게서
오는 것이며 다른 은사보다 우월한 은사가 따로 있는 게 아
님을 강조한다.

바울은 인간 몸의 비유를 사용하여 교회에 관해 기술
한다. 그는 손, 귀, 눈, 코, 머리, 다리를 비롯한 모든 부분이
몸 전체의 올바른 기능을 위해 어떻게 협력해야 하는지를
강조한다. 한 부위가 제대로 기능하지 않거나 아예 기능을
멈추면 몸 전체가 제대로 기능하지 못한다.

올리버는 여섯 종의 다양한 성경 역본을 앞에 펼쳐 놓
았다. 어떤 역본은 몸의 부위들을 "지체"(member)로 부르지
만 두 역본은 "부위"(part)라는 표현을 그냥 그대로 사용한
다. 올리버는 등록 교인(church membership; 혹은 교인)이란 주

제와 직접 연결되는 "지체"(member)라는 표현을 선호했다.

올리버는 커넥션교회의 많은 교인들이 교인을 컨트리 클럽이나 민간 단체 회원 비슷한 것으로 본다는 것을 알고 있었다. 어쩌면 '대부분'의 교인이 그럴지도 몰랐다.

"하지만 교인은 달라. 교인은 더 큰 몸을 위해 뭔가를 하는 사람이야. 교인은 섬김을 받기 이전에 섬기는 사람이지." 올리버는 소리 내어 혼잣말을 했다. 올리버는 베키가 인쇄해서 준 서약서를 다시 읽어 보았다. 그는 특히 다음 부분이 마음이 들었다.

나는 섬기는 교인이다.

그리스도인이 된다는 것은 특히 내가 몸담은 교회를 통해 예수님의 섬김을 본받기 원한다는 뜻이다. 분명 예수님은 섬김을 받기 위해서가 아니라 섬기기 위해 오셨다고 말씀하셨다(막 10:45). 우리 교회 안팎에서 기꺼이 다른 사람들을 섬기기 전까지는 나를 그리스도의 제자로 볼 수 없다.

올리버는 자기 자신을 위해 교회에 나오는 교인들의

태도를 고작 한 번의 설교 시리즈로 바꿀 수는 없음을 잘 알았다. 하지만 이것은 어디까지나 출발점이었다. '교인'의 성경적인 의미를 이해하지 못하는 교인들을 다루기 위한 수많은 전략 중 하나였다.

올리버는 이 설교 시리즈가 교인들에게 성경의 핵심적인 진리들을 가르치지 못하는 문제점을 해결하기 위한 중요한 한 걸음이기도 하다는 점을 알았다. 그는 성경 본문을 깊이 파헤칠 참이었다. 성경은 오직 그리스도만을 통한 대속과 구원 같은 기본 진리로 가득하기 때문이다.

지난 수년간 온갖 힘든 일로 롤러코스터를 타며 정신적인 한계에 부딪혀 최근에는 극심한 불안까지 겪었지만, 그는 전반적으로 이제 건강한 궤도에 올랐음을 느꼈다. 이것은 그야말로 새로운 출발이었다.

올리버는 고린도전서 12장을 연구하는 데 집중하기 위해 휴대폰을 한쪽에 치워 놓았다. 잠시 쉬는 시간에 휴대폰을 보니 엠마에게서 부재중 전화 두 통과 음성 메시지가 와 있었다.

그렇지 않아도 엠마에게 전화를 걸 생각이었다. 그날 아침 조지, 베키와 나눈 대화에 관해서도 알릴 겸, 바로 그녀에게 회신하기로 했다.

먼저 음성 메시지를 들었다. "목사님, 그렇게 시급하지는 않지만 중요한 문제입니다. 최대한 빨리 전화를 부탁드립니다."

엠마의 어조가 심상치 않았다. 뭔가 잘못된 게 분명했다. 올리버는 즉시 전화를 걸었고, 신호가 한 번 가자마자 엠마는 즉시 전화를 받았다.

"엠마 집사님, 음성 메시지 들었어요. 무슨 일이죠?"

"아, 목사님, 문제가 좀 있어요." 엠마가 착 가라앉은 목소리로 말했다.

올리버는 엠마의 설명을 차분히 기다렸다.

"목사님, 켄 집사님이 또 문제를 일으켰어요. 사안이 심각해요."

온 교회에 휘몰아친 영적 전쟁

{ 치열한 전투 끝에 은혜의 개가가 울려 퍼지다 }

엠마의 전화를 받고 나서 올리버는 마음이 크게 동요되었다. 줄기차게 자신을 괴롭히는 켄 때문에 몹시 괴로웠다. 지금까지 그로 인해 너무 많은 감정 에너지를 소모했다. 이제는 그를 보거나 그 이름만 들어도 심장이 두근거릴 지경이었다.

엠마는 교회로 오는 대신, 시내에서 살짝 벗어난 곳에 있는 작은 카페 퍼클스(Pirkle's)에서 보자고 했다. 엠마는 베키가 없는 자리에서 이야기하고 싶다고 했다. 그녀는 베키가 퍼클스에 올 일이 별로 없다는 걸 알고 있었다.

카페에 도착한 올리버는 이미 와서 자리를 잡고 기다리고 있는 엠마를 발견했다. 올리버는 바닐라 카푸치노를 주문하고서 자리에 앉았다. 점심과 저녁 사이라 카페에는 손님이 몇 명 없어서 엠마와 올리버는 누가 들을까 조심할 필요 없이 편하게 대화를 나눌 수 있었다.

먼저 올리버가 입을 열었다. "솔직히 심란하네요. 집사님이 하신 두 가지 말씀에 놀랐어요. 하나는 켄 집사님이 또 뭔가 문제를 일으키기 시작했다는 것, 또 하나는 베키 간사님이 이 자리에 없어야 한다는 것. 특히 두 번째는 좀 의아한 조건이군요."

올리버의 예상대로 엠마는 곧바로 본론을 꺼냈다. "목사님, 우리 회사 CEO를 만나 보신 적이 있으시죠? 이름이 리사 클라우더(Lisa Clowder)예요."

올리버는 기억을 더듬었다. "제 기억이 정확하다면 딱 한 번 뵌 것 같네요. 새 시설을 위한 예배를 부탁하셨죠? 그때 리사와 잠깐 이야기를 나누었어요. 좋은 분 같았습니다." 올리버는 엠마가 이 이야기를 왜 꺼냈는지 짐작하기 어려웠다.

엠마가 계속해서 말했다. "최고운영책임자(COO)로서

제 역할은 회사의 일상적인 운영을 책임지는 거예요. 하지만 CEO에게 어떤 정보를 전달할지 결정하는 것도 제 역할이죠. CEO에게 모든 정보를 전하는 것도 중요하지만 시시콜콜한 문제까지 신경 쓰시게 할 필요는 없어요. 우리는 큰 회사라서 제가 CEO에게 갈 정보를 걸러야 해요."

엠마는 커피를 한 모금 마시고 다시 말을 이어 갔다. "제가 교회의 부교역자는 아니지만 부교역자처럼 목사님을 보좌하려고 노력하고 있어요. 그래서 정말 중요한 문제라고 생각될 때만 따로 찾아뵙는 겁니다."

"그 문제는 켄 집사님에 관한 거죠?"

"맞습니다. 단, 켄 집사님 혼자가 아니에요."

엠마는 다시 커피를 한 모금 마시고 나서 계속해서 상황을 설명했다. "모든 조직에는 부정적인 사람들이 있기 마련이죠. 교회도 예외는 아니에요. 그런데 최근 우려를 표시하는 교인들이 많아졌어요. 다양한 문제에 대해 이토록 많은 전화를 받아 본 기억은 없어요. 이 모든 일의 중심에 켄 집사님이 있는 것 같아요. 켄 집사님이 앞장서서 부정적인 분위기를 조장하고 있음이 분명해요. 특히 이번에는 뭔가 전보다 더 막강한 영향력을 행사하고 있는 것 같아요."

"무슨 말씀인지 예를 들어 주실 수 있을까요?"

올리버의 부탁에 엠마가 재빨리 대답했다. "물론이죠. 켄 집사님은 교인 등록을 위한 새 신자 교육 문제를 다시 끄집어냈어요. 목사님이 지나치게 엄격하고 율법주의적인 기준과 요구 사항으로 교인들을 힘들게 하고 있다는 식으로 교인들에게 말하고 다닌답니다. 몇 년 전에 써먹은 수법 그대로죠. 단, 이번에는 첫 비전 TF 회의에 참석한 일로 교인들의 신망을 이끌어 내고 있어요."

올리버는 고개를 절레절레 흔들었고, 엠마는 잠시 숨을 돌렸다. 다음 말이 올리버를 화나게 만들 줄 알았기 때문이다.

엠마는 훨씬 더 천천히 말을 시작했다. "새로운 문제는…… 베키 간사님이 일을 하고 있지 않다는 소문이에요. 켄 집사님이 그런 소문을 퍼뜨리고 있어요. 글쎄, 간사님이 빈둥대고 있다고……."

"이럴 수가!" 올리버가 목소리를 높였다. "도대체 무슨 근거로 그런 말을? 간사님이 얼마나 열심히 일하시는지 아시잖아요."

"소문의 근거는 전혀 모르겠어요. 하지만 어쨌든 그런 소문이 돌고 있어요. 마음이 불편하시겠지만 목사님이 켄 집사님을 만나 보셔야 할 것 같아요. 어쨌든 안 좋은 소문과 부정적인 분위기는 해결해야 하잖아요."

올리버가 심호흡을 크게 하는 차에 휴대폰이 울렸다. 켄의 전화였다. 올리버는 아예 받지 말까 잠시 고민했다.

"호랑이도 제 말 하면 온다더니."

올리버는 마음을 추슬렀다. 뭐가 무서워서 전화를 피하나 싶었다. 그 모습을 본 엠마도 어떤 심정인지 알 것 같다는 표정이었다.

올리버는 마음을 다잡아 전화를 받았고, 통화는 아주 간단히 끝났다.

"만나자네요. 테드 브림리(Ted Brimley)라는 형제와 함께 온다는데, 혹시 누군지 아세요? 아무래도 증인으로 데려오려나 봅니다."

그러자 엠마가 씁쓸한 표정으로 말했다. "아, 누군지 기억나네요. 같은 소그룹에 있던 적이 있어요. 열심히 참여하는 교인도 아닌 데다가 말썽만 일으켰죠. 교회를 떠난 줄 알았는데……."

엠마는 다시 커피를 몇 모금 홀짝이더니 강한 어조로 말했다. "목사님도 증인을 데려가시는 게 좋겠어요."

"그러면 집사님이 함께 가 주실래요? 오늘 저녁 7시에 목양실에서 만나기로 했어요."

"그건 좀 그래요." 엠마의 말에 올리버는 살짝 당황했다. "괜한 분란을 만들고 싶지 않아서요. 게다가 켄 집사님은 여성 리더들을 불편해할 게 분명해요. 제가 있으면 방해만 될 거예요. 그러지 말고 조지 장로님과 함께 가시죠."

올리버는 한숨을 쉬고 나서 조지에게 간단한 문자 메시지를 보냈다. "장로님은 오늘 오후에 회의가 잡혀 있다고 하셨던 것 같은데…… 아무튼 곧 답장을 주실 겁니다."

───────

올리버는 6시 15분에 교회에 도착했다. 그는 상황을 미리 의논하게 조지도 일찍 도착했으면 좋겠다고 생각했고, 역시 조지는 그를 실망시키지 않았다. 10분 뒤 조지가 왔고, 두 사람은 켄의 계획을 서로 추측하며 켄을 기다렸다.

7시 10분 전쯤, 복도에서 발자국 소리가 들렸다. 올리버와 조지는 자리에서 일어나 켄과 테드를 맞으며 손을 내밀었다. 하지만 둘 다 악수를 거절했다. 그 대신 켄은 조지를 가리키며 싸늘한 목소리로 쏘아붙였다. "장로님은 여기서 뭘 하고 계신 거죠?"

"제가 오시라고 했습니다." 올리버가 차분하게 대답

했다.

"아니, 제게 묻지도 않고요?" 켄은 거의 소리를 지르다시피 했다.

"집사님도 제게 테드 형제님이 같이 오는 것에 대해 의견을 구하지 않으셨어요." 올리버는 자신감 넘치는 목소리로 계속해서 응수했다. "저희는 집사님의 이야기를 듣기 위해 왔어요. 자, 말씀해 보시죠."

켄은 곧바로 종이 한 장을 꺼냈다.

'맙소사. 아예 리스트를 짜 왔군.' 올리버는 속으로 한숨을 내쉬었다.

빈정대는 투로 켄이 말하기 시작했다. "첫 번째 문제는 예전에도 한 번 문제가 됐던 해묵은 사안이에요. 목사님이 또다시 새 신자 교육으로 교회를 장악하려고 한다는 소문이 돌고 있어요. 예전에도 한번 시도했다가 실패하셨죠?"

켄이 한 말은 말도 안 되는 진술이었지만 올리버와 조지는 아직 반박할 때가 아니라고 판단했다. 켄은 언쟁을 원하는 게 분명했지만 올리버와 조지는 묵묵히 듣기만 하기로 미리 입을 맞춘 상태였다.

켄은 이런 두 사람의 침묵에 당황한 눈치였다. 하지만 곧이어 그는 두 번째 문제를 지적했다. 그의 목소리는 잔뜩

격앙되었고 말투는 사나웠다. "두 번째 문제는, 목사님이 교인들을 잘 돌보지 않고 있습니다. 아니, 교인들에게 무례하게 굴고 있다고요."

조지는 원래 아무 말도 안 할 작정이었지만 이 점에 대해서는 한마디 해야겠다고 결심했다. 그가 침착하게 말했다. "집사님, 구체적인 예를 들어 보시겠습니까?"

"얼마든지요. 수잔 브롬(Susan Brohm) 자매님이 장로님께 도움을 요청한 적이 있다고 했어요. 그런데 목사님과 장로님이 시간이 없다고 거절했다면서요?"

올리버는 나오는 웃음을 억지로 참았다. 켄이 이렇게 우스꽝스러운 말로 공격할 줄은 전혀 예상치 못했다.

'도대체 수잔 브롬이 누구야?'

들어 본 적도 없는 이름이었다.

올리버가 가장 듣고 싶었던 것은 베키를 비난하는 말이었다. 물론 켄의 입에서 그 말이 나오기까지 그리 오랜 시간이 걸리지 않았다.

"세 번째 문제는, 우리 교회는 베키 가너 간사님에게 꽤 두둑한 봉급을 주고 있는데, 간사님이 거의 일을 하지 않고 있다는 거예요. 사람들이 그러는데 목회 지원실을 찾아갈 때마다 간사님이 보이지 않는다고 하더군요. 아무리 생각해도 좋은 직원이라고는 볼 수 없네요. 교회를 이용하고 있어요."

올리버는 얼굴이 화끈거렸다. 그가 조지 쪽을 바라보자 조지는 고개를 살짝 흔들며 참으라는 신호를 보냈다.

"도대체 누가 그런 소리를 하고 다닙니까?" 조지가 목소리를 살짝 높여 물었다.

켄이 아무리 무례해도 조지에게 함부로 굴 수는 없었다. 그 대신 다른 불만들을 계속 늘어놓았다. 하지만 처음 세 가지 문제가 핵심인 게 분명했다.

켄은 조지와 올리버를 둘 다 충격에 빠뜨릴 선언으로 공격을 마무리했다. "공동의회가 앞으로 2주 남았어요. 미리 경고하죠. 그때 올리버 와그너 목사님과 베키 가너 간사님의 해임을 건의할 생각입니다. 저는 그런 조치를 취할 만한 권리가 있어요."

이 당황스러운 발언을 끝으로 켄은 성큼성큼 사무실을 걸어 나갔다. 이어서 모임 내내 한마디도 하지 않던 테드 브림리도 따라 나갔다.

"휴우, 정신이 번쩍 드네요." 두 사람이 사라진 뒤 올리버가 말했다.

이튿날 아침, 올리버는 켄의 말을 전하기 위해 베키를 만났다. 하지만 베키는 전혀 흔들린 내색이 없었다.

"솔직히 자리 따위에는 연연하지 않아요. 아무것도 움켜쥐지 않고 결과를 그냥 하나님께 맡기는 법을 배웠거든요. 켄 집사님이 저를 쫓아낼 수 있을 거라고 생각하지는 않지만 어떤 일이 벌어지든 저는 흔들리지 않아요."

올리버가 자신이 수잔 브룸에게 무례하게 굴었다는 비난을 들었다고 하니까 베키가 큰 소리로 웃었다.

"목사님이 그 사람을 기억하지 못하시는 게 당연해요. 코로나 봉쇄가 끝난 직후에 잠깐 서너 주 나왔던 사람이니까요. 하지만 우리 교회에 등록하지는 않았어요. 우리 교회를 분열시킬 임무를 띠고 온 사람이 아닌가 하는 생각마저 들 정도예요. 아무래도 여기서는 통하지 않는다는 걸 알고 떠난 것 같아요. 이런 말을 하면 안 되지만 솔직히 그 사람이 보이지 않으니까 너무 좋더라고요."

그날 저녁 집에서 올리버가 켄에 관한 이야기를 하자 멜라니는 그의 침착한 대응을 칭찬했다.

"당신이 침착하게 대응한 게 놀랍기도 하고 뿌듯하기

도 해요. 원래 당신은 교회에서 이 정도로 부정적인 소리를 들으면 꽤 흥분했었는데 말이에요."

"나도 놀라워요. 오랜 세월 목회하면서 조금이나마 성장했나 봐요. 내 소명이 다른 교회로 떠나는 게 아니라 이 교회를 새로운 교회로 만드는 거라고 했던 말 기억해요? 그 말은 진심이에요. 하나님이 우리 교회에 역사하고 계세요. 물론 그 과정에 적지 않은 갈등과 영적 전쟁이 따르겠죠."

이후 2주간 공동의회를 위한 준비가 분주하게 이루어졌다. 조지는 장로회를 소집해 켄에 관한 상황을 알렸다. 장로들은 선하고 경건한 사람들이었다. 그들은 켄이 어떤 사람이고 자신들의 목사가 어떤 사람인지를 알았다. 그들은 회의에서 올리버를 지지할 것을 약속했다.

어느 날 아침 올리버가 교회에 도착해 보니 목양실 책상 위에 메모지 한 장이 테이프로 붙여져 있었다. 메모에는 이렇게 쓰여 있었다. "목사님, 저희가 기도하고 있는 것 아시죠? 프랜시스(Frances) 올림. 에베소서 6장 12절 말씀."

올리버는 메모지를 조심스럽게 떼어 자신의 성경책 표지 안쪽에 넣으면서 미소를 지었다. 그러고 나서 이미 오래전에 외운 구절이지만 성경책에서 그 구절을 폈다.

우리의 씨름은 혈과 육을 상대하는 것이 아니요 통치자들과 권세들과 이 어둠의 세상 주관자들과 하늘에 있는 악의 영들을 상대함이라.

프랜시스를 비롯한 중보기도 팀 식구들이 늘 하는 말처럼 중보기도 팀이 "근무 중"이라는 걸 알고서 올리버는 용기가 솟는 것을 느꼈다. 10여 명이 하나로 똘똘 뭉친 이 팀은 수년간, 아니 수십 년간 매일 교회를 위해 기도하고 있었다.

"이분들은 내가 이곳에 오기 전부터 기도를 해 오셨지." 올리버는 담담하게 혼잣말을 했다.

그들은 주로 전화 통화나 문자 메시지로 함께 기도했지만, 공동의회를 앞두고서는 세 차례에 걸쳐 다 같이 모였다. 그들은 그저 단순히 모인 게 아니었다. 기도로 원수의 견고한 진을 허무는 중차대한 영적 전쟁 중이었다. 켄 캐시디 패거리가 말썽을 일으키는 부류였지만 이 중보기도자들은 그들과 '진짜 적'을 혼동하지 않았다.

———

자넷 디킨슨(Janet Dickinson)은 선출된 공동의회 사회자로서, 3년 임기 중 2년째 임기를 맡고 있었다. 올리버는 그녀를 선출한 것이 탁월한 선택이라고 생각했다. 그녀는 성품이 훌륭하고 항상 공정했으며 사람들을 진정으로 사랑했다. 그녀의 진정성 있는 미소에는 긴장감이 흐르는 공동의회 현장을 완화시키는 저력이 있었다.

'오늘 저녁 공동의회에서는 정말 긴장된 상황이 펼쳐지겠군.' 목양실을 떠나 공동의회 장소로 가면서 올리버는 생각했다.

올리버는 예배당이 꽉 찬 모습에 놀랐다. 예배당이 꽉 찬 것이 오히려 정상이지만 그동안 그렇지 못했던 탓이었다. 최소한 250명 넘게 이 공동의회를 위해 모인 것 같았다. 주일 아침 평균 출석 교인 수를 훌쩍 뛰어넘는 숫자였다.

조지가 올리버를 맞이하며 등을 다독였다. "목사님도 저처럼 '이 사람들이 다 누구지?' 하고 생각하고 계시죠?"

베키가 문 앞에서 두 사람 곁으로 다가왔다. "275명 정도 되는 것 같아요." 그녀가 흥분한 어조로 말했다. "제가 볼 때 다 우리 교인들이 맞는 것 같아요. 몇 개월, 어쩌면 몇 년 간 나오지 않던 교인들도 있겠지만 여기 등록 교인이 아닌 사람은 없는 것 같아요."

"교인 확인을 위한 절차는 그냥 넘어가자는 말씀이군

요." 조지가 말했다.

"맞아요. 정족수를 채운 것으로 보고 회의를 진행해야 겠어요. 괜한 분란을 일으킬 필요는 없잖아요. 준비가 되면 바로 진행하라고 자넷 집사님에게 이미 일러 두었어요."

베키가 자넷의 이름을 언급하자마자 사회자 자넷이 개회를 선언했다. "정족수를 채운 것이 확인되었습니다. 이제 회의를 진행하겠습니다."

눈에 띄게 긴장감이 흘렀지만 의사록, 재정, 등록 교인수, 교회 시설에 관한 보고를 비롯한 대부분의 순서는 특이사항 없이 진행되었다. 모두가 새로운 안건 시간을 기다리고 있었다.

마침내 새로운 안건 시간이 왔을 때도 자넷은 처음과 똑같이 차분한 어조를 유지했다. "이제 새로운 안건을 위한 시간입니다. 예산 승인 외에 교회 리더들은 새로운 안건을 제시하지 않았습니다. 교인들 중에 새로운 안건을 제시할 분이 계신가요?"

분위기가 무거워졌다. 아무도 말을 하지 않는 이후의 몇 초간이 영원처럼 길게 느껴졌다. 이윽고 켄이 예배당 뒤편에서 과도하게 큰 목소리로 말했다.

"새로운 안건을 발의하겠습니다!"

"좋습니다. 켄 캐시디 집사님이시군요. 앞으로 나와 마이크를 잡고 안건을 발의하시기 바랍니다."

켄이 앞으로 걸어 나오는 동안 장내는 섬뜩할 정도로 고요했다.

"제 안건은 간단합니다. 올리버 와그너 목사님과 행정 책임자 베키 가너 간사님의 해임을 건의합니다. 이 안건을 하나로 발의합니다. 둘로 나누고 싶지 않습니다."

"재청합니다!" 테드 브림리가 예배당 뒤쪽에서 큰 소리로 외쳤다. 앞쪽에 앉은 교인들은 혼란스러운 표정으로 뒤쪽을 바라보았다. 그들은 테드가 누구인지 모르는 게 분명했다.

베키는 올리버를 바라보았고, 엠마는 조지를 바라보았다. 그들은 켄의 속셈이 뭔지 정확히 알고 있었다. 이렇게 두 안건을 하나의 안건으로 합치면 올리버나 베키 중 어느 한 사람만 반대하는 사람도 둘 다에게 반대표를 던질 수밖에 없었다.

자넷은 당황하지 않았고 차분하게 진행했다. "좋습니다. 담임목사님과 행정 책임 간사님의 해임에 관한 안건이 나왔습니다. 교회 법에 따라 해임 건의안은 유효합니다. 하지만 안건이 통과되려면 2주 안에 2차 투표를 해야 합니다.

참석 인원의 3분의 2가 찬성해야만 안건이 2차 투표로 넘어 갑니다."

자넷이 잠시 멈추었다가 말을 이어 갔다. "하지만 두 개의 해임을 하나의 안건으로 다루는 건 적절하지 않다고 생각합니다."

켄이 일어서려는 모습이 보였지만 자넷은 그가 무슨 말을 하기 전에 재빨리 진행했다.

"안건의 두 당사자께 묻고 싶습니다. 두 안건을 하나의 안건으로 묶는 것에 동의하십니까?"

베키는 올리버가 고개를 끄덕이는 것을 보고 따라서 끄덕였다.

올리버가 말했다. "사회자님, 저와 베키 간사님은 둘 다 이 문제를 하나의 안건으로 다루는 데 동의합니다."

"좋습니다." 자넷은 잠시 평정심을 잃은 듯 보였지만 이내 냉정을 되찾고 회의를 계속 진행했다.

"켄 캐시디 집사님, 이 안건에 관해 설명해 주시겠습니까?" 자넷이 약간 쌀쌀맞게 말했다.

"물론이죠." 켄은 타이핑을 해 온 네 장의 종이를 꺼냈다. 만반의 준비를 해 온 게 분명했다.

이후 몇 분간 켄은 수년간 해 온 이야기를 또다시 읊었다. 그에 따르면 올리버는 새 신자 교육반을 개설하여 교회를 통제하려는 사람이었다. 그리고 구체적인 사례는 제시되지 않았지만 올리버가 교인들을 잘 돌보지 않고 있다고 했다. 그러면서 베키 역시 자신의 역할을 충실히 하고 있지 않다고 비난했다. 켄의 태도로 보아 다른 교인들이 이미 다 자신에게 넘어왔다고 확신하는 것 같았다.

자넷이 물었다. "이 안건에 관해 하실 말씀이 있는 분이 또 계신가요?"

침묵이 흘렀다. 아무도 입을 열지 않았다. 심지어 테드 브림리도.

그 순간 자넷은 마이크 너머로 모두의 귀에 들릴 정도로 큰 안도의 한숨을 내쉬었다. 올리버나 베키를 비난하고 싶은 사람은 단 한 사람도 없는 것이 분명했다. 그리고 이어서 실로 놀라운 일이 벌어졌다.

"이 안건에 반대하는 분 계신가요?"

이 말은 마치 폭우가 쏟아진 뒤 수문이 열린 것 같은 상황을 촉발시켰다. 100명이 넘는 사람이 거의 동시에 벌떡 일어나 마이크 쪽으로 나왔다. 곧 예배당 가장자리로 구불구불한 줄이 형성되었다. 그 외에도 또 다른 100명이 목사와 베키와 교회를 위해 목소리를 내려고 자리에서 일어났다.

"모두에게 마이크에서 말할 차례가 돌아가려면 다들 침낭을 가져오셔야 할 것 같군요."

사회자 자넷의 말에 사방에서 웃음이 터져 나왔다.

자넷은 맨 앞 열에 서 있는 조지를 바라보았다.

"오랫동안 우리 교회를 지켜 오신 존경하는 장로님, 괜찮으시면 먼저 발언하시겠습니까?"

조지는 고개를 끄덕이고 나서 마이크 앞으로 나왔다.

그는 조용하면서도 권위 있는 음성으로 말을 시작했다. "성도님들, 제가 이 자리에서 목사님과 간사님을 열정적으로 옹호할 수도 있겠지만, 이미 두 분을 향한 비난이 거짓임을 여러분은 잘 알고 계시리라 믿습니다. 여러분은 두 분의 마음, 두 분의 근면함, 교회와 그리스도를 향한 두 분의 사랑을 잘 아실 겁니다. 두 분께 우리가 지지하고 사랑한다는 걸 알려 줍시다. 이 주의 귀한 종들이 우리 교회에 있는 건 그야말로 큰 복입니다."

조지는 잠시 말을 멈추고 이내 냉정을 되찾았다.

"각자 이 안건에 반대하는 말씀을 하고 싶으신 줄 알지만, 그냥 이 두 훌륭한 리더들을 향한 우리의 지지를 투표 결과로 보여 주시는 게 어떨까요?"

자넷은 지체 없이 회의를 진행했다. "자, 논의는 여기서 멈추고 곧바로 투표로 넘어가자는 의견이 나왔습니다. 어떻게 할까요?"

이의를 제기하는 사람은 없었다. 심지어 켄도 반대하지 않았다.

"이제 모두 자리에 앉아 주시면 올리버 와그너 목사님과 베키 가너 간사님의 해임 건의안에 관한 투표를 시작하겠습니다. 이는 중요한 문제이니 공식 집계를 요청합니다. 맨 뒤쪽에 계신 분은 안내 위원들에게 종이를 받아 각자 자기 줄의 인원을 세 주시길 바랍니다."

종이가 배포되자 자넷이 계속해서 진행했다. "올리버 와그너 목사님과 베키 가너 간사님의 해임 건의안에 찬성하시는 분은 모두 자리에서 일어서 주십시오."

공식적인 집계 따위는 필요하지 않았다. 겨우 일곱 사람만 자리에서 일어섰다. 켄·메릴릴 캐시디(Marilyn Cassidy) 부부, 테드 브림리 외에 그 뒤편의 네 사람이 전부였다. 특이하게도 테드의 아내 캐서린(Katherine)은 남편을 따라 일어서지 않았다.

자넷이 기분 좋은 미소를 지었다. "좋습니다. 다들 앉으셔도 좋습니다. 이제 안건에 반대하시는 분은 모두 자리에서 일어서 주십시오."

그러자 거의 전 교인이 한 사람인 듯 동시에 자리에서 일어섰다. 잠시 뒤 집계가 끝나고 투표지가 앞으로 전달되었다. 엠마가 자넷을 도와 마지막 집계를 했다.

"올리버 와그너 목사님과 베키 가너 간사님의 해임 건의안은 262표 대 7표로 부결되었습니다."

그 즉시 우레와 같은 박수가 터져 나왔다. 올리버는 사모인 멜라니와 부둥켜안았고, 베키도 남편 팀(Tim)과 포옹했다. 곳곳에서 포옹과 하이파이브가 이어졌다.

흥분한 분위기를 가라앉힐 수 없던 자넷은 폐회를 요청했고, 조지가 이에 동의했다. 또 다른 사람이 재청하자 자넷은 즉시 폐회를 선언했다.

그날은 분명 커넥션교회가 생긴 이래 손에 꼽을 만큼 행복한 날 중 하루였다.

올리버와 멜라니는 회의가 끝나고도 거의 두 시간 가까이 교회를 떠나지 않았다. 지치기도 했지만 자신들이 사랑해 온 교회의 역사 속에서 더없이 중요한 이 순간을 축하하고 싶었다. 올리버는 교회가 자신의 편인지 의심한 적도

있었지만 오늘 저녁 그 모든 의심을 떨쳐 낼 수 있었다. 그런 수준의 신뢰를 쌓기까지 수년이 걸렸지만 이제 그야말로 달콤한 열매를 맛보니 그 모든 시간과 노력이 조금도 아깝지 않았다.

마지막 사람까지 예배당을 빠져나가자 올리버와 멜라니는 손을 꼭 잡고 걸어 나갔다. 서로와 교회를 향한 감사가 물밀듯이 밀려왔다.

올리버는 오늘의 승리가 끝이 아니라 시작일 뿐이라는 걸 알았다. 하지만 교인들의 신뢰와 지지를 보고 나니 '이름과 장소와 (대부분의) 교인들은 같지만, 이전과는 다른' 새로운 교회를 만들겠다는 비전이 실제로 이루어질 수 있다는 희망이 샘솟았다.

하지만 아직 해야 할 일이 많이 남아 있었다.

세상을 향해 한 발짝도 움직이지 않는 교회였다

{ 자주 외면당하는 '교회의 참된 사명' }

올리버는 보통 아침 6시 30분을 넘어서까지 잠을 자지는 않는다. 하지만 어제 중차대한 모임을 한 뒤라 그런지 오늘은 7시인데도 여태 침대에서 뒹굴고 있었다. 온몸에 힘이 쭉 빠져 여기저기가 욱신거렸다. 그간 자신이 얼마나 긴장된 상태로 지냈는지를 그는 미처 모르고 있었다.

오늘도 멜라니는 40년간 그를 사로잡았던 따스한 미소로 남편을 맞이했다.

"좀 쉬라고 조용히 있었어요. 그런데 오늘의 계획은 뭐예요? 오늘도 교회에 가나요?"

"아뇨, 오늘 하나 있던 약속을 어제 저녁에 취소했어요. 기도하고 성경을 읽으며 하나님께 우리 교회가 나아갈 방향을 여쭈면서 하루를 보낼까 해서요. 날씨가 너무 좋아서 일단 뉴스강(Neuse River) 옆으로 나란히 난 오솔길을 걷다가 잠시 앉아 있을 만한 곳을 찾아볼까 생각 중이에요."

"좋은 생각이에요. 혹시 공동의회 일 때문인가요?"

"그렇기도 하고 아니기도 해요." 올리버가 신중하게 대답했다. "전에도 말했듯이 하나님이 우리 교회를 '새로운' 교회로 변화시키시려는 걸 느끼고 있어요. 얼마 전부터 쭉 그런 생각을 하고 있었는데, 어제의 공동의회로 확실히 알게 되었어요. 우리 비전 TF는 이미 우리 교회를 옭아맨 세 가지 문제를 발견했어요. 하나는, 성경의 진리를 분명하게 가르치지 않고 있다는 거였고, 또 하나는, 교인들에게 마땅한 기준을 제시하지 않았다는 거예요. 또 '교인'이라는 정체성의 중요성을 성도들에게 분명하게 전달하지 않았어요. 그런데 이 세 가지 말고도 또 다른 문제가 있는 것 같아요. 그것이 무엇인지 파악할 시간이 필요해요. 하루쯤 산책을 하면 도움이 될 것 같아요."

멜라니는 지체 없이 이렇게 말했다. "어서 가서 도시락을 싸고 물 좀 챙길게요."

───────────

올리버는 오솔길 입구까지 차를 몰고 갔다. 가방에는 아내가 싸 준 도시락과 물, 매일 아침마다 성경을 읽고 기도하면서 메모한 노트와 성경책이 들어 있었다. 그의 목표는 자연 속을 걸으며 머리를 맑게 한 뒤에 생각을 정리하고 기록할 편안한 장소를 찾는 거였다.

올리버는 거의 한 시간을 걷고 또 걸으면서 기도했다. 강둑 위로 드리운 울창한 나무들 아래서 하나님의 숨결을 고스란히 느꼈다. 산책하듯 천천히 걷다가 마침 벤치와 테이블이 한자리에 있는 곳을 발견했다. 인적이 드문 이곳이 내심 반가웠다. 다른 사람이 있어도 크게 상관없지만, 하나님과 커넥선교회의 미래에 오롯이 집중할 시간이 간절했기 때문이다.

올리버가 벤치에 앉자마자 가장 먼저 하고 싶은 일은 자신과 비전 TF가 찾아낸 숨어 있던 문제들을 좀 더 깊이 돌아보는 것이었다. 그 문제들이 커넥선교회를 소리 없이 무너뜨리고 있었다. 짧은 시간에 워낙 많은 일이 벌어지는 바람에 상황을 찬찬히 돌아볼 여유가 없었다. 올리버는 휴대폰을 꺼내 메모를 검토했다.

> 우리가 성경의 기초적인 진리들을 가르치지 않은 탓에 커넥션교회에서 너무도 많은 교인들이 성경을 믿지 않거나 성경의 기본 진리들을 이해하지 못하고 있다.

올리버는 이 문제를 처음 발견했을 때의 충격을 떠올렸다. 그는 항상 커넥션교회가 성경을 사랑하는 교회라고 확신했다. 자신이 지난 8년 동안 교회에서 성경을 충실하게 잘 가르쳤다고 생각했다. 그러나 얼마나 많은 교인이 성경을 얼마나 모르는지 혹은 아예 기독교 신앙이 없는지 전혀 파악하지 못하고 있었다. 어쨌든 이제는 앞으로 다루어야 할 문제를 확실히 알았다. 그 문제를 다루는 과정을 이끄는 일이 그가 감당할 책임이었다.

올리버는 이미 설교의 접근법을 조금씩 바꾸기 시작했다. 그 변화가 미묘해 처음에는 많은 교인이 눈치채지는 못했다. 그는 성경의 텍스트와 배경을 더 분명하고도 더 자주 설명하려고 힘썼다. 주일예배 설교를 할 때마다 성경에 대한 가르침을 포함시키고자 했다. 진리의 적용에만 초점을 맞추지 않고 모든 것의 밑바탕이 되는 신앙의 기본적인 진리들을 더 집중적으로 가르치고자 했다.

이렇게 그가 접근법을 살짝 바꿔 설교하기 시작한 지세 번째 주일이 지나서야 설교에 관한 피드백들이 들려오기 시작했다. 많은 걸 배우고 있다는 교인이 있는가 하면, 설교가 더 강력해진 것 같다고 말하는 교인들도 있었다. 교인들 역시 설명할 수는 없지만 뭔가를 느끼기 시작한 것이다.

올리버는 단 3주 만에 더 뛰어난 설교자가 될 수 없음을 알았지만 하나님이 주신 능력으로 이 길을 꾸준히 가기로 결심했다. 또한 그는 교회가 다른 면에서도 변화가 필요하다고 생각했지만, 일단 다음번 TF 회의에서 다른 이들의 의견을 들을 때까지 기다리기로 했다.

올리버는 이제 두 번째 메모로 관심을 돌렸다.

> 우리 교회는 교인들에 대해 낮은 기준을 갖고 있으며,
> 기대 사항들을 교인들에게 분명하게 전달하지 않았다.

가장 헌신적인 교인들에 관한 베키의 데이터를 처음 들었을 때 올리버는 충격이 컸다. 가장 헌신적인 교인들은

한 명도 빠짐없이 커넥션교회에 오기 전에 다른 교회에서 새 신자 교육을 제대로 받은 사람들이었다.

올리버는 이 사실을 곰곰이 생각했다. '지금 우리 교회에서 가장 헌신적인 교인들은 이미 다른 교회에서 헌신이 무엇인지 제대로 배운 사람들이었다는 건 중요한 사실을 시사해!'

올리버는 교회에 진작부터 새 신자 교육을 도입하려 추진했다. 수년 전 그가 켄 캐시디의 위협에 굴복하지 않았다면 지금쯤 새 신자 교육이 잘 이루어지고 교회는 헌신적인 교인들로 가득해졌으리라. 헌신적이지 않던 교인들은 헌신적인 교인으로 변하고, 헌신적인 교인들은 더 헌신적으로 성장했을 것이다. 하지만 과거에 묶여 있을 수는 없었다. 이제 새 교회로 이끌 시기였다.

> 우리 교회의 등록 교인들(과 등록하지 않은 교인들)은 '교인'의 성경적인 의미를 이해하거나 받아들이지 못하고 있다.

올리버는 세 번째 문제에 관한 이 메모를 보면서 다른 두 문제와 중첩되는 면이 많다는 점을 보기 시작했다. 그는 새 신자 교육이 '교인이 무엇인지에 관한 성경의 중요한 진리들을 전하기 위한 출발점이 될 수 있다'는 점을 깨달았다. 눈앞이 훤해졌다.

"이 기초적인 교육을 통해 교인들이 교인에 관한 성경적인 의미를 배우게 될 거야. 그러면 교회에 더욱 헌신하게 되겠지!" 그는 확신에 차서 자기도 모르게 큰 소리로 말했다.

올리버는 베키가 준 서약서를 읽을 때 느꼈던 확신을 떠올렸다. 이는 진정한 교인이 되겠다는 서약서였다. 무엇보다 그 내용이 철저히 성경적이었다. 그는 그 내용에 큰 감동을 받았고, 필시 다른 이들도 같은 감동을 받으리라 확신했다.

이 모든 개념을 확립하려면 시간이 걸리겠지만 그는 앞으로 나아갈 준비가 끝났다. 커넥션교회를 지금과 같은 자리에서 새로운 교회로 변모시키려면 오르막길과 내리막길, 때로는 극심한 반대까지도 각오해야 한다는 사실을 알 만큼 그는 목사와 리더로서 산전수전을 겪을 만큼 겪었다.

───────

올리버는 문득 배가 고프다는 걸 깨닫고 아내가 싸 준 도시락을 풀었다. 샌드위치를 한 입 베어 물고는 노트를 꺼내 지난 몇 주간 쓴 메모를 찬찬히 검토했다. 올리버는 신약 성경 전체를 읽으면서 커넥선교회를 위한 교훈들을 발견하 겠다는 야심 찬 목표를 세운 바 있었다. 그렇게 하면 매주 설교 준비를 위해 세부적인 내용을 파고들면서도 큰 그림을 보는 시각을 유지할 수 있다고 판단했다.

올리버는 마태복음 9장 36~38절을 읽다가 적은 메모 들로 시선이 갔다. 그는 성경책을 펴 그 구절을 다시 읽었다.

무리를 보시고 불쌍히 여기시니 이는 그들이 목자 없는 양과 같이 고생하며 기진함이라 이에 제자들에게 이르 시되 추수할 것은 많되 일꾼이 적으니 그러므로 추수하 는 주인에게 청하여 (추수할 밭으로, NIV) 추수할 일꾼들을 보 내 주소서 하시니라.

특히 세 가지 사실이 그의 마음에 들어왔다. 첫째, 그가 추수할 밭은 머나먼 곳에 있지 않았다. 커넥선교회를 둘러 싼 주변 거리와 동네, 나아가 롤스빌 지역 전체가 추수할 밭 이었다.

그다음으로, 전도 대상자가 없지 않다는 점이 눈에 들 어왔다. 전도할 대상이 이미 많을 뿐 아니라 그들은 복음을 들을 준비가 되어 있었다. 추수할 곡식이 지천에 깔려 있었다. '우리 지역에는 말 그대로 수천 명이 살고 있고, 그들 대부분이 우리 교회에서 몇 킬로미터 반경 안에 있어. 그들 모두가 목자 없는 양 떼야. 개중에는 그리스도인도 있지만 대부분이 아닐 거야.'

셋째, 신자들의 역할은 추수할 밭으로 나가 믿지 않는 이들에게 복음을 전하는 것이다. 예수님은 가장 필요한 것은 추수할 밭에서 일할 일꾼이라고 분명하게 말씀하셨다.

그 순간 올리버는 감정이 북받쳤다. 어느새 감동의 눈물이 뺨을 타고 흐르고 있었다.

'내 역할은 그리스도의 복음을 전하도록 추수할 밭으로 교인들을 데려가는 거야. 우리가 말씀대로 순종한다면 하나님이 추수를 책임져 주실 거야.'

올리버는 자신이 흘리는 눈물에 슬픔도 섞여 있다는 걸 알았다. 지금까지 그는 목사로서 교인들이 복음을 전하도록 이끌지 못했다. 아니, 자신도 그렇게 하지 못했다. 간단히 말해, 커넥션교회는 복음을 전하는 교회가 아니었다. 올리버 자신도 복음을 전심으로 전하지 못했다. 커넥션교회는 불신자들을 향해 가야 했지만 가지 않는 교회가 돼 버렸다. 분명 변화가 필요했다.

'그동안 내가 100번도 넘게 읽은 구절이지만, 성령이 바로 지금이 이 말씀을 우리 교회에 적용할 때라고 말씀하시는 것 같아.'

올리버는 자신이 흘리는 눈물의 일부가 기쁨의 눈물이라는 것도 알았다. 기회는 추수할 밭에 있었다. 커넉선교회의 미래는 밝았다. 그 미래는 곧 하나님의 미래이기 때문이었다.

그다음으로 올리버는 자신이 마가복음 1장 17~18절에 관해 쓴 메모를 보았다. 그 구절은 예수님이 첫 제자들을 부르신 장면을 담고 있다. 올리버는 성경책 페이지를 마가복음으로 넘겼다.

예수께서 이르시되 나를 따라오라 내가 너희로 사람을 낚는 어부가 되게 하리라 하시니 곧 그물을 버려두고 따르니라.

이번에는 매우 익숙한 구절이었다. 하지만 이번에도 올리버는 이 구절을 새로운 관점에서 보게 되었다.

올리버는 자기도 모르게 큰 소리로 말했다. "세상에! 예수님은 첫 제자들인 시몬과 안드레를 부르실 때 단순히 '따라오라고만' 부르신 게 아니라 '복음을 전하라고' 부르셨어. 어떻게 이 점을 놓쳤지? 예수님을 따르라는 부르심은 복음을 전하라는 부르심과 동일한 거야!"

올리버는 시몬과 안드레의 순종에 놀라움을 금치 못했다. 그들은 예수님을 그냥 따른 것이 아니라 "곧"(즉시) 따랐다. '그들은 집과 직장과 세상적인 안위를 포기하고 예수님을 따랐을 뿐 아니라 뒤도 돌아보지 않았어. 어떻게 해야 그토록 대단한 헌신에 근접이라도 할 수 있을까?'

올리버의 성경책은 색색의 포스트잇으로 도배되어 있었다. 가장 최근에 붙인 포스트잇은 매우 유명한 구절인 사도행전 1장 8절이었다. 올리버는 계획에 따라 신약성경을 거기까지 공부한 상태였다. 그는 그 구절을 노트에서 마가 복음 1장 17~18절 바로 밑에 기록하기로 했다.

> 오직 성령이 너희에게 임하시면 너희가 권능을 받고 예루살렘과 온 유대와 사마리아와 땅끝까지 이르러 내 증인이 되리라 하시니라.

마가복음 1장 17~18절과 사도행전 1장 8절에는 제자들이 사람을 낚는 어부가 되면 하나님이 그들과 함께하실 것이라는 놀라운 약속이 담겨 있다. 마가복음에서는 육신을 입은 하나님이신 예수님이 직접 그들과 함께 계셨다. 사도행전에서는 성령이 계속해서 그들과 함께하시면서 그들에게 능력을 주시게 된다.

올리버의 시선이 두 구절 사이를 계속 오갔다. 그의 머릿속이 바삐 돌아갔다.

"이 두 구절을 합치면 놀라운 사실을 볼 수 있어. 예수님은 첫 제자들을 복음 전도의 사역으로 부르셨어. 그러고 나서 그분이 하늘로 오르기 전 이 땅에서 마지막으로 하신 말씀은 제자들에게 '증인'이 되라고 하신 거야. 우리 구주께서 복음 전도를 우선시하셨다는 걸 미처 깨닫지 못했어. 그분이 이 땅에서 사역하실 때 처음부터 끝까지 하신 말씀은 바로 복음을 전하는 증인이 되라는 거였어!"

잠시 올리버의 마음에 후회의 구름이 드리워졌다. '수십 년'을 목회하면서도 복음 전도에 초점을 맞추지 않았던 지난 시간이 스쳤다. 커넥션교회에서 사역했던 8년 동안 그는 교인들에게 복음을 전하라고 의미 있게 강조한 적이 단 한 번도 없었다. 좋은 일들을 하느라 바빠 정작 '가장 큰일'을 소홀히 한 것이다.

하지만 이내 로마서 8장 1~2절 말씀이 마치 하늘에서 내려온 것처럼 올리버의 마음속으로 들어와 후회의 구름을 싹 걷어 냈다.

그러므로 이제 그리스도 예수 안에 있는 자에게는 결코 정죄함이 없나니 이는 그리스도 예수 안에 있는 생명의 성령의 법이 죄와 사망의 법에서 너를 해방하였음이라.

그 순간 올리버에게 "생명의 성령의 법이 너를 해방하였음이라"라는 문장이 성경책에서 튀어나오는 것처럼 보였고, 너무 놀란 나머지 고개를 흔들 정도였다. 그는 자신이 과거를 바꿀 수 없지만, 자신이 그 과거에서 '해방되었고' 지금부터 교회를 옳은 방향으로 이끌 '능력'을 받았음을 깨달았다.

올리버는 간절히 기도하기 시작했다. 말씀을 새롭게 깨닫게 해 주신 하나님께 감사의 기도를 올렸다. 지난 잘못을 회개하고 새로운 날을 향해 나아갈 기회를 주신 하나님께 감사드렸다. 그리고 하나님께 이 길을 계속해서 걸어가기 위한 힘과 지혜를 구했다.

올리버는 짐을 싸서 집으로 향하기 전에 하나님이 주신 이 새로운 비전을 향해 커넥션교회가 나아갈 방법을 정리하고 싶었다. 일단, 최대한 단순하게 정리하고 싶었다. 그는 노트에 쓴 세 구절을 돌아보면서 머릿속에 떠오르는 세 단어를 적었다.

> **기도하라. 알라. 가라.**

이 세 단어가 앞으로 커넥선교회 교인들을 위한 강력한 등대가 될 줄 그는 꿈에도 몰랐다.

커넥선교회는 오랫동안 중보기도 사역을 해 왔고, 가장 헌신적인 교인들이 그 사역에 참여했다. 그들은 매주 올리버 목사와 주일예배를 위해 기도했다. 그들은 아픈 자들을 위해 기도했다. 그들은 슬퍼하는 자들을 위해 기도했다. 그들은 교인들이 낸 기도 제목들을 놓고 기도했다. 하지만 올리버는 교인들로 하여금 복음 전도를 위해 기도하도록 이끈 적이 없었다.

중보기도 사역 팀은 하나님께 당장의 일시적인 필요들을 채워 달라고 요청했다. 하지만 올리버가 아는 한, 그 기도 팀은 가장 중요한 것, 영원한 의미가 있는 것을 위해서는 주기적으로 기도하지 않았다. 바로 잃어버린 양들이 예수 그리스도와의 관계 속으로 들어오는 것 말이다.

이런 상황이 바뀌어야 했다.

최근까지도 올리버는 예수님이 마태복음 9장 38절에서 말씀하신 추수할 밭에 관해 진지하게 생각해 본 적이 없었다. 하지만 이제 커넥선교회가 추수할 밭이 교회에서 가장 가까운 지역사회라는 걸 깨달았다. 그와 교인들은 주변 사회에 더 적극적으로 참여해야 했다.

물론 커넥션교회 교인들은 주변의 사람들을 알았다. 롤스빌 지역의 상인들도 많이 알고 있었다. 교인 중 일부 가족들은 지역 스포츠 리그에 참여하기도 했다. 하지만 과연 그들은 예수님이 말씀하신 방식으로 지역사회를 진정으로 '알았는가?' 예수님은 밭에 있는 자들을 아셨을 뿐 아니라 그들을 불쌍히 여기시고 마음 아파하셨다.

올리버는 교회가 지역사회를 이토록 깊이 사랑하는 법을 어떻게 배울 수 있을지 궁금했다. 마을의 인구 통계 데이터를 볼 수는 있지만 지역사회를 마음으로 아는 것은 단순히 숫자와 특성을 아는 게 전부가 아니다. 지역사회를 진정으로 섬기고 필요를 채워 주고 그리스도의 복음을 전할 방법을 찾아야 했다.

올리버가 생각할 때 복음 전도에서 가장 힘든 부분은 '가라'(Go)라는 부분이었다. 교인들이 예고 없이 이웃집 문을 두드리면 부담스러워할 게 분명했다. 실제로 롤스빌 지역 동네 곳곳에서는 사생활 보호를 위한 엄격한 호객 행위 금지 정책을 시행 중이었다.

올리버는 스스로에게 물었다. '오늘날의 문화 속으로 가는 것은 무엇을 의미할까? 종교적인 신앙이라 하면 요즘 사람들 거의가 질색하는 것 같은데.'

목사로서 올리버는 지금껏 교인들이 '가도록' 이끌지도 격려하지도 않았다. 그리하여 교인들은 "가라"라는 말씀으로 시작되는 지상대명령에 진정으로 순종하지 못하고 있었다.

하지만 올리버는 낙심하지 않았다. 온 교회가 하나님의 명령에 순종하기로 결심하면 하나님이 길과 방법을 허락하실 줄 알았기 때문이다. 이 새로운 방향에 관해 생각하노라니 하나님이 행하실 일을 어서 빨리 보고 싶어졌다.

문득 올리버는 시간을 확인하려고 휴대폰을 봤다. 길가의 테이블에 앉아 있은 지 벌써 다섯 시간이나 지나 있었다. 시간이 정말 쏜살같이 흐른 것이다. 문자 메시지를 확인했더니 딱히 시급한 문자도 없었고, 심지어 놀랍게도 그 다섯 시간 동안 부재 중 전화는 한 통도 없었다.

오솔길을 따라 차로 돌아가는 내내 올리버는 하나님께 감사할 일이 얼마나 많은지 생각했다. 주위에는 흔들리다가 완전히 무너진 목회자들이 적지 않았다. 그래도 그의 교회 안에서는 그를 무너뜨릴 만큼 큰 사건과 갈등이 발생하지는 않았다. 물론 나름대로 시련은 있었다. 무엇보다도 최근 켄이 소동을 일으킨 사건도 있었다. 하지만 하나님은 내내 신실하심을 증명해 보이셨다.

올리버가 집에 돌아왔을 때 멜라니는 거실에서 책을 읽고 있었다.

"여보, 어서 가서 옷 갈아입고 와요." 올리버가 들어서자마자 멜라니가 재촉했다. "지금부터 정확히 45분 뒤에 토머스 스테이크하우스에 예약되어 있어요."

"토머스 스테이크하우스? 거기 간 지 얼마 안 되지 않았어요? 이렇게 이렇게 자주 스테이크를 썰어도 되는지 모르겠네요."

"아이고, 이보세요! 괜찮아요. 한 번 더 간다고 우리 파산하지 않아요."

올리버는 아내의 뜬금없는 데이트 신청에 조금 당황하긴 했지만 곧바로 위층으로 올라가 간단히 샤워를 마치고 옷을 갈아입고 나왔다.

운전석에 앉아 있는 아내를 본 올리버의 눈이 똥그래졌다.

"늦지 않게 가야 해요. 세월아 네월아 느긋하게 운전하는 당신에게 맡겼다가는 제 시간에 도착할 수 없다고요."

멜라니의 말에 올리버는 조수석에 앉으면서 말했다.

"알겠어요. 그건 그렇고 도대체 무슨 일이에요? 그러니까, 좋기는 한데 혼란스럽네요."

"일단 식당에 가서 이야기해요. 얘기할 시간은 많아요." 멜라니가 차를 후진으로 차고에서 빼면서 대답했다.

올리버는 언제나처럼 안심 스테이크 미디엄 레어로 주문했다. 하지만 멜라니는 뜻밖에도 평소처럼 스테이크 웰던 대신 치킨 앙트레를 주문했다.

올리버는 더 이상 기다릴 수 없었다.

"자, 이제 무슨 일인지 말해 봐요. 도대체 사랑하는 내 아내에게 무슨 일이 있었던 건가요?"

멜라니가 미소를 지었다.

"당신의 새 직장을 축하하는 자리예요."

올리버가 황당한 표정으로 아내를 쳐다봤다.

"당신은 이제 이제 새 교회에서 목회하게 되었어요." 멜라니가 놀리듯 말했다. "그 교회 이름은 커넥션교회고, 노스캐롤라이나주 롤스빌에 있죠. 겉에서 보면 예전과 같을지 모르지만 이 교회는 새로운 심장과 새로운 비전으로 움직이고 있어요. 당신은 오늘 종일 하나님과 단둘이 시간을 보냈어요. 이제 하나님은 당신에게 이 교회를 새로운 방향으로 이끌라고 말씀하고 계세요. 물론 앞으로 헤쳐 나가야 할 어려움도 있고 때로 좌절도 경험하겠지만, 당신은 충분히 준비가 되었어요. 하나님이 이 일을 위해 그동안 당신을 준비시켜 주셨으니까요."

올리버는 벌린 입을 다물지 못했다. 아내가 자신을 응원하는 것이야말로 자신이 옳은 길로 가고 있다는 가장 확실한 증거였다. 멜라니는 영적 통찰력이 깊었고, 남편을 누구보다 잘 알았다. 올리버는 아내의 믿음에 새삼 놀랐다.

멜라니가 테이블 중앙의 바구니에서 식전 빵 한 조각을 떼면서 말했다. "자, 곧 주요리가 나올 거예요. 그 전까지 오늘 있었던 일을 다 이야기하려면 서둘러야 할 거예요. 귀를 쫑긋하고 들을게요. 참, 여보, 새 직장에 들어가게 된 걸 진심으로 축하해요!"

예수의 제자를 키우기보다
그저 활동에 몰두하는 교회였다

{ '바쁜 교회'에서 '가장 큰 목표에 집중하는 단순한 교회'로 }

공동의회 투표 이후로 커넥션교회 안에는 열정적인 분위기가 눈에 띄게 나타났다. 비전 TF 일원들은 교회를 향한 새로운 비전에 관해 교인들과 자유롭게 소통했다. 켄이 일으킨 소동 이후 교인들은 변화에 더 마음을 열고 올리버의 리더십을 더욱 신뢰하게 된 것 같았다.

올리버는 교회 안에 가득한 긍정적인 분위기를 즐겼다. 하지만 그는 이를 당연하게 여기지 않았다. 오랫동안 목회를 해 온 사람으로서 그는 이 흐름이 일종의 허니문이라는 걸 알았다. 앞으로 많은 어려움이 닥치리라. 그가 여러 번 말했듯이, "모든 사람이 변화를 지지한다. 그 변화가 개인적으로 자신에게 영향을 미치기 전까지는."

그럼에도 불구하고 그는 준비되어 있었다. 커넥션교회도 모든 준비가 끝났다. 하나님은 이 순간을 위해 그들을 내내 준비시키셨다.

TF 일원들은 사안에 대한 절박함과 동시에 이것이 교회에 주어진 절호의 기회임을 동시에 느꼈다. 다음번 비전 TF 모임은 돌아오는 목요일로 정해졌다.

———————

화요일 오후, 1분 1초의 회의 시간도 아깝다고 생각한 올리버는 교회로 오는 길에 단골 식당에 들러 샌드위치와 간식거리를 골고루 사 왔다.

'이러면 이야기하면서 저녁 식사도 해결하니 좋겠군.'

오후 4시 30분에 교회 회의실에 도착한 올리버는 테이블에 음식과 물병들을 가지런히 올려놓았다. 커피 머신에 원두도 챙겼고, 건강을 위해 먹지 않겠다면서도 여태 끊지 못한 다이어트 탄산음료와 초콜릿 칩 쿠키도 빠뜨리지 않았다. 아내가 뭐라고 할 때마다 올리버는 "이 두 가지는 서로 상쇄 효과를 일으켜서 괜찮아요"라고 둘러대곤 했다.

4시 45분에 조지가 도착했고, 이어서 몇 분 뒤에 베키와 엠마와 롭이 모습을 나타냈다. 모두가 어서 회의를 시작하고 싶은 눈치였다.

"여기 샌드위치도 있고…… 뭐든 각자 마음에 드는 걸로 간단하게 들면서 하시죠." 모두가 테이블에 둘러앉자 올리버가 말을 이어 나갔다. "최근에 하나님이 제게 가르쳐 주신 것을 몇 가지 나누고 싶습니다."

올리버는 모든 시선이 자신에게로 쏠린 것을 느꼈지만 가장 먼저 입을 연 것은 조지였다.

"목사님, 오늘 마치 크리스마스이브의 아이처럼 들떠 계신 것 같습니다. 어떤 새로운 소식이 있는지 어서 빨리 듣고 싶군요."

올리버는 식사 기도를 마친 뒤에 음료를 한 모금 마시고 나서 곧장 본론으로 들어갔다.

"모두 아시다시피 첫 비전 TF 모임 때 우리는 지난 3년에서 5년 사이에 우리 교회의 평균 출석 교인 수가 거의 20퍼센트나 감소했다는 사실을 알게 되었습니다. 그래서 이유를 찾다 보니 우리 교회를 조용히 죽이고 있는 세 가지 문제를 발견했습니다. 이 문제들 때문에 우리 교인들이 교회 생활에 헌신적으로, 또 꾸준히 참여하지 못하고 있다고 생각합니다. 오늘 제가 '정말로' 하고 싶은 이야기로 넘어가기 전에 우리가 그동안 발견한 사실을 정리해 보겠습니다. 첫째, 많은 우리 교인이 성경을 믿지 않거나 성경의 기본 진리들을 이해하지 못하고 있습니다. 둘째, 우리 교회는 교인들에 대한 기대 수준이 낮았습니다. 교회가 적게 기대하기 때문에 열매 역시 적게 얻고 있어요. 셋째, 우리 교인들은 교인의 성경적인 의미를 이해하지도 받아들이지도 못하고 있습니다."

엠마와 베키, 롭, 조지는 샌드위치를 먹으며 고개를 끄덕였다.

"지난주에 하루 동안 잠시 개인적인 묵상의 시간을 가졌을 때 하나님은 우리의 가장 큰 문제가 지상대명령에 대한 불순종이라는 점을 깨우쳐 주셨습니다. 우리는 이웃들에게 복음을 꾸준히, 또 의미 있게 전하지 못해 왔어요. 사탄이 우리의 눈을 가려 이 점을 보지 못하게 했다는 점을 깨달았답니다. 사탄이 가장 싫어하는 건 더 많은 이들이 예수 그리스도를 따르게 되는 거예요."

"정확한 지적이십니다. 분명, 이 부분에서 개선이 필요합니다." 롭이 말했다.

올리버의 말이 이어졌다. "중요한 사실이 있어요. 우리는 '교인이 다 어디로 갔는가?'라는 질문의 답을 찾아왔죠. 교회의 첫 번째 목적은 다른 이들에게 복음이라는 복된 소식을 전하는 거예요. 그런데 교회가 전도를 권하지 않으면 교인들은 전도를 교회 생활에 필수적인 것으로 보지 않아요. 그래서 '다른 이들'을 울타리 안으로 데려오는 게 중요하지 않게 되면 교인들은 점점 자신들도 그 안에 머물 필요가 있을까 하고 생각하게 되죠. 그러면 주일 아침에 예배를 드릴지 아니면 다른 뭔가를 할지를 놓고 고민하게 되는 겁니다."

올리버는 이후 30분간 신약성경의 전반부를 읽어 온 과정과 뉴스강 오솔길에서 깨달은 것들을 설명했다. 그는 복음 전도에 관한 성경의 명령을 까마득히 잊고 있었다고 솔직히 고백했다.

"제가 볼 때 이것이 우리가 간과한 것 중에서 가장 중요한 부분이에요. 바로 이것이 가장 많은 관심을 두어야 할 부분입니다." 올리버가 말했다.

조지는 보통 이런 회의에서 많은 말을 하지 않는 편이었지만 진심에서 우러나온 올리버의 말에 감명을 받았는지 오늘따라 말이 많아졌다.

"내내 눈앞에 있던 것을 마침내 발견한 거군요. 맞습니다, 목사님. 이 문제는 우리가 저지른 가장 큰 실수예요. 이 문제를 어떻게 다루어야 할지, 혹시 어떤 의견이 있으신가요?"

"아직 구체적으로 생각해 본 적은 없어요. 다만, 개교회들의 복음 전도에는 세 가지 요소가 반드시 포함되어야 한다는 확신은 얻었습니다. 첫째, 가장 먼저 '기도'가 선행되어야 해요. 예수님은 사람들을 전도하기 위해 성령의 능력을 의지해야 한다고 분명히 말씀하셨습니다."

모든 사람이 메모를 하면서 집중하는 모습에 올리버는 몹시 흡족했다.

"둘째, 우리 지역사회를 진정으로 '알아야' 합니다. 하나님이 우리에게 추수하라고 주신 밭에 집중해야 해요. 그밭은 우리 교회 입구에서부터 시작되죠. 특별히 교회에서 15분 거리 내에 사는 분들에게 초점을 맞춰야 합니다. 이곳이 바로 우리가 추수해야 할 밭입니다."

올리버는 자신이 한 말의 피드백을 듣기 위해 잠시 말을 멈췄다. 모두가 고개를 끄덕이고는 있었지만 아무도 입을 열지는 않았다.

"셋째, 지역사회 안으로 '가야' 합니다. 신약에서 복음 전도는 적극적인 순종의 행위예요. 우리가 정확히 어떻게 해야 할지는 모르겠지만 확실한 건 '가야' 한다는 겁니다. 우리의 행동 계획을 '기도하라', '알라', '가라'라는 이 세 가지 키워드로 정리할 수 있을 것 같아요."

"와, 이제 이 명령과 해법이 너무도 선명하게 눈에 확 들어오네요. 이런 걸 왜 여태 놓쳤나 몰라요."

베키의 말에 엠마가 통찰력 있는 대답을 내놓았다. "저는 그 이유를 알 것 같아요. 우리는 좋은 일을 하느라 너무 바빠 가장 큰일을 소홀히 했던 거예요. 가장 큰일은 바로 지상대명령을 수행하는 겁니다."

올리버는 엠마의 말을 들으며 베키의 눈이 번쩍 떠지는 것을 보았다.

올리버는 미소를 지으며 말했다. "베키 간사님, 뭔가 아이디어가 떠오르신 것 같은데, 뭔가 하고 싶은 말씀이 있나요?"

"지금 당장은 말고요. 하지만 나중에 말씀드리고 싶은 아이디어가 있어요. 하지만 일단 여기서는 하던 대화를 계속하시죠."

"좋습니다. 우리 교회는 이제 앞으로 나아갈 준비가 되었다고 생각합니다. 하나님은 내부의 반대들을 놀라운 방식으로 다루어 주셨습니다. 그리고 우리가 이 비전 TF로서 함께 협력하게 된 것은 크나큰 복이 아닐 수 없습니다. 우리는 커넥션교회의 네 가지 숨은 문제들을 찾아냈습니다. 이제 이 문제 단계에서 해결 단계로 나아가야 할 시간입니다. 어떻게 앞으로 나아가야 할지 제안해 주실 분 계신가요?"

엠마가 먼저 입을 열었다. 그녀는 자신의 사업적인 경험을 이 상황에 접목시켰다.

"우리가 최상의 열매를 내지 못하고 있는 문제 영역이 최소한 네 가지가 있다는 점이 확인되었습니다. 교회가 기업체는 아니지만 눈앞의 난관을 다루고 기회를 향해 적극적으로 나아가기 위한 프로세스를 갖추어야 해요. 간단히 말해, 앞으로 나아가려면 교인들이 교회가 자신들에게 무엇을 기대하고 그걸 어떻게 할 수 있을지를 알아야 해요."

늘 상황을 명쾌하게 정리해 주는 엠마에게 올리버는 새삼 고마웠다.

곧바로 롭이 자신의 생각을 밝혔다.

"한 번의 회의로 모든 걸 단번에 알아낼 수는 없겠지만, 각각의 문제에 대한 접근법을 '개괄적으로 기술하면서' 시작해 보죠. 제가 행정가가 되기 전에 학교에서 국어를 가르쳤다는 게 좀 티가 나나요?"

모두가 웃음을 터뜨리는 동안 그의 말이 계속되었다. "예를 들어, 첫 번째 문제는 많은 사람이 성경의 진리를 이해하지 못하거나 믿지 않는다는 겁니다. 올리버 목사님은 이미 설교에 성경을 더 깊이 가르치는 접근법을 반영하셨죠. 성경적인 믿음과 지식이 부족한 문제를 다루기 위해 어떤 실천적인 단계들을 밟을 수 있을까요?"

올리버가 대답했다. "저는 기독교 신앙의 열두 가지 핵심을 추려 냈습니다. 그것들에 관해 12주간 시리즈 설교를 전할 계획입니다. 그렇게 하고 나서는 매년 그중 여섯 가지 핵심을 다룰 겁니다. 2년마다 설교 시간에 열두 가지 핵심을 모두 다루게 되는 거죠."

"정말 좋습니다." 조지가 말했다. "제가 볼 때는 우리가 찾은 '교인들에 대한 낮은 기대 수준'이라는 문제는 '성경에 대한 불신'이라는 문제와 중첩되는 것 같습니다. 따라서 우리 그리스도인이 무엇을 믿는지를 매우 분명하게 전해야 합니다. 우리가 믿는 것을 잘 정리해서 우리 교회 웹 사이트에 올려야 해요. 하지만 동시에 그 기대 사항들과 성경의 핵심 진리를 새 신자 교육 내용에도 포함시켜야 합니다."

베키가 열정적인 목소리로 이 논의에 동참했다. "목사님이 올해 신앙의 열두 가지 핵심을 전하고 나서 매년 여섯 가지 핵심을 다루신다면, 소그룹에서도 동일하게 진행하면 좋지 않을까요? 그렇게 되면 소그룹들이 '새로운' 커넥선교회의 중심이 될 거예요."

올리버는 회의실 안에 가득한 열기가 마음에 들었다. 여기서 나온 해법들이 완벽하지는 않을지라도 좋은 출발점은 될 수 있었다. 그런 점에서 그는 앞으로 이어질 대화가 몹시 기대되었다.

"다음 두 가지 문제로 넘어가 봅시다. 그러니까 교인들에 대한 낮은 기대 수준과 교인들이 교인에 대한 성경적인 의미를 모르는 문제를 다뤄 봅시다. 롭 집사님이 말씀하신 것처럼 앞으로 각각의 문제를 구체적이고도 집중적으로 다뤄야겠지만, 오늘 저녁 회의를 마치기 전까지 하나하나의 문제마다 최소한 조금씩 훑어보고 싶습니다."

그러자 엠마가 입을 열었다. "목사님이 그 두 가지에 관해 하신 말씀이 많은 도움이 되었어요. 이제 둘 사이의 밀접

한 연관성이 눈에 들어와요. 일단은 한 가지 해법으로 이 둘을 한꺼번에 다룰 수 있을 것 같아요."

"엠마 집사님, 계속해 보세요. 다들 집사님의 아이디어도 들어 봅시다." 올리버가 격려했다.

"좋습니다. 교인들에 대한 우리의 기대 수준이 낮은 주된 이유는 애초에 기대 사항을 분명하게 정하려는 노력을 하지 않았기 때문이에요."

"바로 그렇습니다." 조지가 맞장구를 쳤다. "제대로 된 새 신자 교육으로 교인에 대한 기대 사항 즉 기준을 분명히 전달하고, 교인이라는 게 성경적으로 무슨 의미인지를 가르쳐야 해요."

"맞아요. 교육이 완전한 해법은 아니지만 좋은 출발점인 것만은 분명해요. 이렇게 하면 이 밖에 있을 문제를 싹부터 잘라 낼 수 있을 거라고 생각해요." 엠마가 말했다.

올리버는 열심히 메모하는 베키 쪽을 바라보았다. 그녀의 머릿속에서 기어 돌아가는 소리가 나는 것 같은 착각이 들 정도였다.

엠마도 올리버 쪽으로 고개를 돌렸다. "목사님은 이 문제에 관해 최근에 고민을 가장 많이 하셨으니 네 번째 문제인 복음 전도와 관련해 하실 말씀이 많으실 것 같은데요."

"물론입니다. 앞서 말씀드렸던 세 영역에 계속해서 초점을 맞추고 싶습니다. 기도하고, 알고, 가는 것 말이에요. 일단 첫 번째 단계는 분명합니다. 중보기도 팀에게 특별히 이 지역 불신자들을 어떻게 전도할지를 두고 집중적으로 기도해 달라고 부탁할 생각입니다. 중보기도 사역에 참여하시는 분들은 기도의 힘을 믿고 누구보다도 열심히 기도하시는 분들입니다. 그분들이 기꺼이 우리에게 힘을 보태 주실 줄 믿어 의심치 않습니다."

올리버는 말을 멈추고 앞에 놓인 서류 뭉치들을 검토했다.

"이미 우리 지역에 대한 조사를 의뢰해서 훌륭한 보고서를 받아 놓았습니다. 우리 교회에서 차로 15분 거리 안에서 사는 모든 지역 사람에 관한 철저한 인구 통계 데이터뿐 아니라, 그들에게 필요한 것과 그들이 원하는 것에 관한 훌륭한 정보를 담은 보고서입니다. 하지만 이 보고서는 단지 시작일 뿐이에요. 우리가 교회 담장 밖으로 나가 사람들과 이야기를 나누어야 합니다. 그들이 하는 말을 직접 들어 봐야 해요."

엠마가 그 말을 받았다. "그런데 우리 교인 대부분이 기독교 신앙이 없는 사람들을 알거나 이미 그들과 함께 일하고 있어요. 교인들에게 그런 사람들에게 그리스도의 사랑을 더 잘 전해 주기 위해 그들과 친해지라고 권하면 좋을 것 같아요. '가라'라는 부분에 관해 보다 구체적인 의견들이 있나요?"

올리버가 말했다. "여전히 고민 중입니다. 하지만 어쨌든 교인들이 지역사회로 깊이 들어가도록 권면하는 일은 반드시 필요합니다. 하다못해 이웃들이 있는 곳으로 찾아가 그곳을 위해 기도하는 식의 간단한 노력이라도 해야 합니다. 교인들에게 주어진 이 밭이 '이미' 추수할 때가 되었다는 사실을 계속해서 생각나게 해 주어야 합니다. 요한복음 4장 35절에서 예수님은 직접 그렇게 말씀하십니다. 우리가 아는 부분에서 순종하면 나머지 부분은 하나님이 반드시 책임져 주실 겁니다."

제법 많은 진전에 비전 TF 일원들이 한껏 고무된 듯 보였지만 올리버는 커넥션교회의 쇄신이 단거리 경주가 아닌 마라톤처럼 길고 긴 경주가 될 것을 알았다. 계획했던 회의 시간까지는 조금 남아 있었지만 그는 이쯤에서 끝내는 편이 좋겠다고 생각했다. 네 가지 주요 문제들을 다 다루고 기본적인 해법의 윤곽을 잡았으니 이만하면 충분했다. 그가 회의를 마쳐도 될지 물으려는 순간 베키가 입을 열었다.

"회의를 마치기 전에 '다섯 번째' 문제로 꼽을 만한 가능성이 있는 내용 하나만 더 다룰 수 있을까요? 저는 이것이 다른 네 가지 문제를 해결하려는 우리의 노력을 방해할 수 있다고 생각합니다. 바로 이것이 아까 목사님이 제게 물으셨던 그 아이디어예요."

모두가 고개를 끄덕이는 반응을 바라본 올리버가 말했다. "좋습니다. 10분간 스트레칭 좀 하고 나서 하죠. 커피도 한잔씩 하고요. 그러고 난 뒤 다시 머리를 맞대 봅시다."

———

"많이 생각해 봤는데요." 모두 다시 모이자 베키가 먼저 운을 뗐다. 어느새 익숙해진 베키 특유의 첫마디에 모두의 눈가에 기분 좋은 웃음이 피었다.

"지금까지 우리는 우리가 하지 '않고' 있는 것들에 관한 이야기를 했어요. 우리는 신앙의 핵심들을 충분히 가르치지 않고 있어요. 교인들에게 충분한 기대 사항을 전하고 있지 않고 있고…… 또 교인의 성경적인 의미를 교인들에게 알려 주지 않고 있죠. 그리고 오늘 저녁, 목사님이 지적하신 것처럼 우리는 예수님의 복음을 세상에 전하지 않고 있어요. 그런데 저는 또 한 가지 문제가 보여요. 그건 바로 우리에게 현재 이런 문제를 다룰 '시간'이 없다는 거예요."

조지가 베키의 말을 끊었다. "잠깐만요. 시간이 없다니, 무슨 말씀이세요? 가장 중요한 일을 위해서는 당연히 시간을 내야죠."

"물론 그러면 좋죠. 하지만 우리 교회는 이미 '바쁜' 교회예요. 우리 교회의 일정표는 온갖 활동으로 꽉 차 있어요. 이것저것 하느라 너무 바쁜 나머지 중요한 목표들을 이룰 시간이 없어요. 우리는 '좋은' 것들을 하느라 눈코 뜰 새 없이 바빠서 '중대한' 일을 이룰 시간이 없어요."

베키는 자리에서 일어나 화이트보드 쪽으로 걸어갔다.

"제가 다섯 번째 문제를 정리해 볼 테니 여러분의 생각을 말씀해 보세요. 커넥션교회는 제자 훈련에 초점을 맞추기보다는 너무 활동 중심적이에요. 그러니까 교인들이 예수님의 헌신된 제자가 되고 이후에도 그런 제자로서 성장하도록 돕는 일에 초점을 맞추지 않고 있어요."

베키의 말이 끝나자마자 롭이 말했다. "와, 간사님, 정말 대단해요! 진심으로 우리는 이런 이야기를 한 적이 없네요. 하지만 사람들이 예수님의 제자가 '되고' 예수님의 제자로서 '성장하도록' 돕는다는 '제자 훈련'의 개념은 다른 네 가 교회가 제자 훈련, 즉 교인들이 그리스도의 헌신된 제자가 되고 제자로서 성장하도록 돕기보다 너무 교회 사역 활동에만 초점을 맞추는 경향이 있다.

지 문제들에 대한 해법이 되기도 합니다. 제자 훈련은 성경의 진리에 기초해야 합니다. 그리고 교인들의 믿음이 자라면 교회에 헌신하고 싶어질 겁니다. 진짜 교인이 되고 싶어지는 거죠. 그러면 다른 사람들에게도 복음을 전하고 싶어질 테고요."

"롬 집사님, 잘 정리해 주셨습니다. 자, 어떻게 하면 이 '교회'라는 배의 방향을 우리가 원하는 쪽으로 돌리기 시작할 수 있을까요?" 조지가 말했다.

그러자 엠마가 먼저 입을 열었다. "제가 한 말씀 드리자면, 교회는 분명 영적 전초기지이지만 하나의 조직이기도 해요. 기업 경영자의 시각에서 말씀드리자면, 우리에게 좋은 아이디어가 많다는 데는 전적으로 동의하지만 과연 현재의 구조 안에서 그런 아이디어를 실행할 수 있을지 모르겠어요. 현재의 구조는 너무 복잡해요. 베키 간사님 말씀처럼 우리 모두는 너무 바쁘기도 하고요."

베키가 배턴을 이어받았다. "음…… 많이 생각해 봤는

데요. 우리가 가장 먼저 결정해야 할 건, 교인들이 '예수님의 제자'가 되기 위해 교회가 어떤 기대 사항을 정해서 전달할지예요. 우리는 높은 기대 수준을 가진 교회가 되기로 했어요. 그렇다면 여러분 모두에게 묻고 싶어요. 우리가 모든 새 신자에게 어떤 기대 사항을 전달해야 할까요?"

베키는 화이트보드로 돌아가 맨 위에 "기대 사항"이라고 썼다.

조지가 먼저 말했다. "이건 우리가 이야기를 많이 나눈 주제는 아닌데요. 저는 모든 교인이 '헌금하는' 교인이 되어야 한다고 생각해요."

그러자 베키가 화이트보드에 "헌금"이라고 썼다.

올리버는 논의가 진행되는 방향이 마음에 들었다. 그는 "모든 교인이 복음을 들고 지역사회로 나갔으면 좋겠습니다"라고 의견을 냈다.

베키는 화이트보드에 "복음 전도"라고 썼다.

그다음은 엠마였다. "믿지 않는 사람들에게 다가가는 것도 너무나 좋지만 등록 교인이든 아니든 교회 안에 있는 모든 사람이 복음의 진리를 이해하도록 하는 것도 중요해요."

"음……." 베키는 잠시 생각하더니 화이트보드에 "가르침/교리"라고 썼다. "이런 표현이 최상인지는 모르겠지만 어쨌든 새 신자들이 하나님 말씀의 진리를 제대로 알게 해야 해요."

회의실에 잠시 침묵이 흘렀다.

이윽고 엠마가 침묵을 깼다. "최소한의 기대 사항으로는, 교인들이 주일예배와 소그룹 모임에 참여하도록 해야 할 것 같아요."

"바로 그렇습니다. 예전에 우리가 어쩌다 이 두 가지를 놓쳤는지 이해할 수 없군요." 올리버가 말했다.

다시 잠깐의 침묵이 흐른 뒤 조지가 입을 열었다. "이런 기대 사항들은 좋은 출발점입니다. 하지만 오늘 저녁 우리의 아이디어들을 실행할 '구조'를 어느 정도 정하고 회의를 마쳤으면 좋겠습니다. 기대 사항들을 정하는 것과 그걸 교회 안에서 실행하는 것은 다른 문제니까요."

"좋은 지적입니다." 올리버가 말했다.

조지의 말이 계속되었다. "새 신자 교육반을 통해 새 신자들에게 기본적인 기대 사항을 전달해야 한다는 점에 대해서는 모두의 의견이 일치하는 것 같습니다. 그렇게 해서 '기대 수준이 낮은 문화'라는 두 번째 함정을 다루면 교인들이 교인이라는 것의 성경적인 의미를 이해하지 못한다는 세 번째 함정도 다룰 수 있습니다."

모두가 이 말에 고개를 끄덕였고, 이어서 베키가 말했다. "이 내용을 기억하기 쉽게 만들 방법을 생각해 봤어요. 이렇게 하면 어떨까요?"

베키는 화이트보드로 돌아가 "새 신자 교육반"이라고 썼다.

"자, 첫 번째 문제로 돌아가 보죠. 우리 교회에서는 많은 교인이 성경을 믿지 않거나 성경의 기본 진리들을 이해하지 못하고 있어요. 이걸 간단명료하게 '믿는다'라는 단어로 정리하면 어떨까요?"

그녀는 화이트보드에 "믿는다"라고 쓴 뒤에 계속해서 말했다.

"'믿는다'는 모든 교인이 기독교 신앙의 핵심들을 알고 받아들이도록 우리가 그 내용을 분명하게 전달하는 걸 의미해요."

그녀는 여기까지 말하고 나서 잠시 말을 멈췄다. 올리버는 그녀가 이 아이디어에 관해 아주 많은 생각을 했다는 걸 알 수 있었다.

베키의 말이 이어졌다. "교인들이 공예배에 충실히 참석하고 소그룹 활동을 해야 한다는 데 모두 동의하셨으니까 그런 기대 사항을 '속한다'라는 단어로 정리하면 어떨까요?"

"좋습니다. 그리고 다른 기대 사항에 관한 아이디어가 있는데…… 우리의 기대 사항 중 하나는 모든 교인이 교회에 열심히 헌금을 해야 한다는 겁니다. 그래서 '드린다'라는 단어를 추가하는 게 어떨까요?"

베키가 화이트보드에 "드린다"라는 단어를 적자 엠마가 말했다. "하나님께 드리는 것이 중요하지만 헌금만 드리는 것이 다가 아니에요. 다른 이들을 섬기기 위해 우리의 '시간'도 드려야 한다는 점을 교인들에게 잘 전달해야 해요."

"맞습니다." 조지가 말했다.

이어서 롭이 입을 열었다. "우리 교회가 복음을 전하는 교회가 되어야 한다는 목사님의 말씀을 다들 분명히 들으셨죠? 그래서 이 기본적인 기대 사항을 '간다'라는 단어로 정리하면 어떨까요?"

"와, 이 자리에서 네 가지 요점으로 구성된 설교 한 편을 건졌네요." 올리버가 큰 소리로 웃으며 말했다.

베키는 화이트보드에 쓴 네 단어에 밑줄을 긋고서 말했다. "우리 교회가 복잡하고 바쁜 상황, 즉 다섯 번째 문제를 다루려면 우리 교회의 활동을 이런 최소 기대 사항들에 집중시켜야 해요.

- 믿는다.
- 속한다.
- 드린다.
- 간다.

엠마가 탄성을 질렀다. "최고예요! 이렇게 하니까 우선 순위가 분명해지네요. 이제 본격적으로 이 네 가지 영역에 초점을 맞춰야겠어요. 그리고 나머지 다른 활동들을 점점 없애거나 최소화해야겠어요."

그러자 조지가 거들었다. "마치 사역이나 제자 훈련에 관한 비전 진술서처럼 보이는군요. 이제 우리 교회의 비전은 '믿고, 속하고, 드리고, 가는 것'입니다."

올리버는 깊은 감명을 받았다. 그는 이 자리에서 가장 말을 적게 했다. 다른 사람들이 워낙 논의를 잘 이끌었기 때문이다. 그는 이제 회의를 마칠 시간이 되었다고 판단했다. 그래서 이제 교회가 어떤 상태이며 어느 방향으로 갈 것인지를 정리하고 싶었다.

올리버는 목청을 가다듬고 말을 시작했다. "여러분은 정말 대단하십니다. 불과 얼마 전만 해도 우리 교회는 심각한 갈등에 휩싸여 있었어요. 아울러 우리 교회가 다섯 가지

커다란 문제에 빠져 있다는 안타까운 현실도 마주해야 했습니다. 하지만 우리는 부정적인 면에 초점을 맞추지 않았습니다. 우리는 함께 머리를 맞대고서 가장 가능성이 높은 해법들을 찾아냈습니다."

올리버는 자신의 생각을 계속해서 말하기 전에 테이블에 둘러앉은 사람들과 한 명씩 차례로 눈을 마주쳤다.

"우리가 여기까지 온 것에 실로 놀라움을 금치 못하겠습니다. 기대 사항들을 잘 정의해서 새 신자 교육반을 개설하고 교인의 성경적인 의미를 교인들에게 전달하는 일이 이미 많이 진전되었다고 생각합니다. 새 신자들이 모두 신앙의 기본을 알고 받아들이도록 만들기 위한 노력이 이미 시작되었습니다. 우리는 교회 안에서 복음 전도와 소그룹 사역을 강화하고 강조할 계획입니다. 우리는 교인들에게 충성스럽게 헌금하는 사람들이 되라고 가르칠 것입니다.

물론 아직 우리가 완벽한 청사진을 손에 넣지는 못했지만, 우리는 놀라운 출발을 했습니다. 그리고 우리는 지금 하나님 나라의 일을 열심히 하고자 하는 것이기에 반드시 시련과 저항이 찾아올 겁니다. 따라서 영적 전쟁을 준비해야 합니다."

올리버는 자신의 뺨을 타고 흐르는 눈물을 느끼고서

깜짝 놀랐다.

"하지만 동시에 우리가 이 전쟁에서 이기는 건 기정사실인 것도 압니다. 하나님의 능력으로 극복하지 못할 시련과 저항과 문제는 없습니다. 오늘 이 자리에서 선언합니다. 커넥션교회는 단순히 새로워진 교회가 아니라 '새' 교회입니다. 우리는 이 땅에서 하나님 나라의 사명에 새롭게 헌신한 교회입니다."

올리버는 그 자리에 모인 이들의 눈에도 눈물이 고인 것을 보았다.

"오늘 새로운 헌당의 선포로 이 모임을 마칩시다. 이 교회를 철저히 하나님께 내어 드립시다. 자, 이제 이 모든 것을 놓고 기도합시다."

이 말을 끝으로 올리버는 기도하기 위해 앞장서서 무릎을 꿇었다. 다른 리더들도 따라서 무릎을 꿇었다.

커넥션교회는 진정으로 새 교회가 되어 가고 있었다.

우리 교회,
여기서 어디로
나아갈 것인가

{ 빠져나오기 힘든 올무에 갇힌 현대 교회 구출하기 }

필시 대부분의 독자에게 커넥션교회 이야기가 딴 교회 얘기 같지만은 않았으리라. 실제로 우리 처치앤서즈 팀은 지금까지 비슷한 특징을 지닌 수천 개 교회를 지원했다. 그러니 여러분의 교회와 이 소설 사이에서 공통점이 많이 발견되었다 해도 전혀 놀랍지 않다.

올리버 와그너 목사와 커넥션교회 이야기는 쉽사리 가시지 않는 불안감으로 시작되었다. 그러다가 누군가 무심코 질 리드라는 이름의 교인에 관해 물으면서 변화가 시작되었다. 대부분의 리더들은 질이 한동안 교회에 나오지 않았다는 사실을 전혀 모르고 있었다. 이 일은 현실 점검과 자기 성찰, 갈등, 해결로 이어지는 중요한 시발점이 되었다.

커넥션교회 이야기에서 보았듯이 오늘날 교회들은 출석 교인 수 감소라는 위기를 맞고 있다. 다양한 원인으로 교인들이 떠나거나 교인들의 출석률이 떨어지는 것이다. 다음 표는 일반적인 교회에서 한 해에 출석 교인 수가 얼마나 줄어드는지를 보여 준다.

일반적인 교회의 등록 교인 100명당
주일예배 출석 교인 연간 감소 숫자

출석 횟수 감소	//	15명
다른 지역으로 이사	//	9명
다른 교회로 이동	//	7명
사망	//	1명
총계	**//**	**32명**

물론 교회마다 사정이 다 다르다. 하지만 이 수치들은 적어도 현재 교회들이 어떤 난관을 마주하고 있는지를 보여 준다. 간단히 말해, 일반적인 교회가 매년 그저 현상 유지만 하려고 해도 32퍼센트, 즉 거의 3분의 1을 충원해야 한다! 등록 교인이 50명인 교회에서 그 숫자는 16명이다. 400명 인 교회에서는 128명이다!

아마도 가장 안타까운 통계는 일부 교인들의 출석률 감소일 것이다. 100명 규모의 교회에서 모든 등록 교인이 매주 출석한다면(물론 비현실적인 숫자) 평균 출석 교인 수는

100명이다. 하지만 그 모든 교인이 격주로 출석하기로 결심한다면 평균 출석 교인 수는 50명으로 뚝 떨어진다. 다시 말해, 다른 이유로 교인을 잃지 않아도 그 교회의 매주 출석률은 50퍼센트가 떨어진 것이다.

물론 커넥션교회 이야기는 단순히 숫자에 관한 이야기가 아니다. 여러분이 이 이야기에 등장하는 인물들의 마음을 느꼈기를 바란다. 건강한 교회는 무엇보다도 영적으로 건강한 교인들이 모이는 교회다. 커넥션교회는 교인들의 성장을 위해 별다른 노력을 기울이지 않고 있었다. 따라서 이런 쇠퇴는 전혀 뜻밖의 일이 아니었다.

내가 몸담은 교회와 연결시키기

우리는 커넥션교회 비전 TF가 교회의 미래에 관한 전반적인 계획을 세운 장면까지 지켜보았다. 하지만 구체적인 사역과 행동에 관해 결정된 바는 많지 않았다. 내가 이 소설을 이렇게 끝낸 것은 의도적이었다. 교회마다 처한 상황이 다 다르기에 획일적인 해법은 없다. 하지만 이 마무리장에서 여러분의 교회를 위한 몇 가지 자료와 해법들을 제시하고자 한다.

나아가서 WhereHaveAllTheChurchMembersGone.com에 다양한 자료와 해법을 정리해 놓았고, 이 웹 사이트에 새로운 아이디어들을 꾸준히 업데이트하고 있다. 이번 장에서 ※ 표시를 발견하거든 여러분의 교회가 해당 문제를 다루기 위해 사용할 수 있는 도구가 이 웹 사이트에 마련되어 있다는 뜻으로 알라.

이제 커넥션교회가 마지막 TF 회의 이후에 취했을 법한 다음 단계들을 살펴보자. 여기서 우리의 목표는 여러분의 교회가 하나님이 주신 그 교회만의 해법을 발견하도록 창의력을 자극하는 것이다.

─── 현실 점검/자기 성찰

이 첫 번째 단계의 중요성은 아무리 강조해도 지나치지 않다. 많은 교회 리더들과 교인들이 자기 교회의 현재 상태를 살펴보기를 거부한다. 이는 대개 문제가 있다는 것을 알아차리지 못하기 때문이다. 문제가 있다고 생각하지 않으니 문제를 확인하려 들지 않는다.

간단히 해 볼 만한 것 중 하나는 지난 5년간 교회의 평균 예배 출석 교인 수를 살펴보는 것이다. 간단하게 하라.

이를테면 각 연도에 대해 하나의 숫자를 도출하라. 그 수치를 보면 좋은 흐름과 나쁜 흐름이 다 함께 한눈에 들어올 것이다. 이 단계는 시작일 뿐이지만 중요한 시작이다. 올리버는 "돈과 머릿수" 세는 걸 좋아하지 않았다. 그래서 출석 교인 수나 헌금 액수에 대한 조사 역시 중시하지 않았다. 다행히도 베키는 이런 데이터를 중시했다. 그녀가 수치를 꾸준히 기록하고 유지한 덕분에 대부분의 리더들과 교인들이 전혀 몰랐던 문제가 밝혀졌다.

현재 어느 부분에서 교회가 아픈지를 조사할 의지가 없다면 교회는 더 건강한 모습으로 나아갈 수 없다.

커넥션교회처럼 여러분의 교회도 교인들을 인터뷰해야 한다. 왕성하게 활동하는 교인, 활동이 줄어든 교인, 심지어 교회를 떠난 교인들까지도 조사해야 한다. 커넥션교회의 리더들은 각 부류에 속한 교인과 마주 앉아 깊은 대화를 나누었다.

또 다른 선택 사항은 전 교인을 대상으로 공식적인 설문 조사를 벌이는 것이다.[*] 오랫동안 널리 사용되어 세월의 검증을 거친 설문 조사 기관을 찾을 것을 추천한다.

여러분의 교회가 있는 지역의 인구 통계 데이터를 아는 것이 중요하다. 미국 인구 조사국(Census Bureau)에서 기본적인 데이터를 얻을 수 있다. 특별히 교회들의 용도에 맞춘 보고서를 얻을 수도 있다.[*] 지역사회를 '알지' 못하면 그 지역을 '전도할' 수 없다.

이런 발견은 단지 시작에 불과하다. 웹 사이트 WhereHaveAllTheChurchMembersGone.com에 가면 더 많은 것을 발견할 수 있다. 조사 과정을 위한 시간을 내기 전까지는 하나님이 주신 해법을 찾아낼 수 없다. 조사는 직접 할 수도 있고, 외부 컨설팅 기관에게 도움을 요청할 수도 있다.[*] 어떤 방법을 사용하든 교회의 현재 상태를 분명하게 파악해야 한다.

갈등

이 과정은 누구에게나 힘든 단계다. 현실 점검과 자기 성찰의 단계에서 교회의 건강 상태를 확인한 뒤에는 반드시 어느 정도의 갈등을 경험하게 된다. 그럴 수밖에 없는 것이, 문제를 발견하면 해법을 원하기 때문이다. 해법은 곧 변화를 의미하고, 변화는 갈등을 수반하기 마련이다.

분명히 말하건대 갈등은 정상적인 것이며, 갈등을 잘 다루면 문제의 해결로 이어질 수 있다. 안타깝게도 많은 리더들이 갈등을 다룰 준비가 되어 있지 않다. 갈등이 나타나면 그들은 스스로를 실패자로 여긴다. 마치 자신의 리더십에 문제가 있어서 교회에 분열을 야기한 것처럼 생각한다.

교회 리더들이 최소한 변화와 갈등 관리의 기본기만큼은 알았으면 좋겠다. 수많은 자료*와 연구 결과들을 활용할 수 있다. 갈등은 세상의 역사만큼이나 오래됐으며, 교회 생활에 정상적인, 어쩌면 꼭 필요한 일부분일 수 있다. 갈등 없이는 좋은 해결이 나타날 수 없다.

해결

먼저, 교회들을 조용히 죽이는 다섯 가지 주요 문제들을 다시 보자.

1. 교회가 성경의 기본 진리들을 가르치지 않아서 너무도 많은 교인이 성경을 믿지 않거나 성경의 기본 진리들을 이해하지 못한다.
2. 교회가 교인들에 대한 기대 수준이 낮고, 그들에게 기대사항을 분명하게 전달하지 않는다.
3. 등록 교인들(과 등록하지 않은 교인들)이 '교인'의 성경적인

의미를 이해하거나 받아들이지 못한다.

4. 교회가 '복음을 들고 불신자들에게 가라'는 그리스도의 명령에 순종하지 않는다.

5. 교회가 제자 훈련, 즉 교인들이 그리스도의 헌신된 제자가 되고 제자로서 성장하도록 돕기보다 너무 교회 사역 활동에만 초점을 맞추는 경향이 있다.

이 다섯 가지 문제는 수많은 교회에서 수도 없이 나타나는 문제다. 이런 문제가 하나도 없는 교회는 극히 드물다. 첫 번째 문제인 '성경을 잘 모르고 믿지 않는 모습'은 점점 더 흔해지고 있다. 성경을 믿는 보수적인 교회라고 불리는 곳마저도 오직 그리스도를 통해서만 구원을 받는 것 같은 기본적인 교리를 거부하는 교인이 많다. 때로는 대다수 교인이 그런 지경이다.

교인들이 이 문제에 빠졌을 때 목사들과 핵심 리더들의 반응을 보면 특히 더 가슴이 아프다. 대개 그들은 자신들의 교회가 어쩌다 이 지경까지 이르렀는지를 이해하지 못한다. 이 상태에서 회복되려면 자신들이 기독교 신앙의 핵심을 제대로 전달하고 강조하지 않았다는 사실을 최대한 빨리 인정해야 한다.

커넥션교회가 이 문제를 다루기 위해 취한 조치에서 본받을 점이 많다. 커넥션교회의 리더들은 새 신자 교육에서 신앙의 핵심들을 분명하게 전달하기로 결정했다. 그 교회의 목사는 설교 시간에 신앙의 핵심들을 분명히 전달하는 일에 훨씬 더 신경을 쓰기 시작했다. 그리고 교회 리더들 역시 소그룹 모임을 활용하여 기독교 신앙의 기본을 계속해서 강조해 나가기로 결단했다.

이런 소그룹 모임 등에서 활용할 만한 좋은 자료가 많다.[※] 교인들이 기독교 신앙의 핵심 진리들을 당연히 이해하고 받아들일 것이라고 속단하지 말라. 교인들이 진정으로 무엇을 믿는지 확인하기 위해 어떤 식으로든 교인 설문 조사 방식을 활용할 것을 추천한다.[※]

두 번째는 '낮은 기준'이라는 문제다. 안타깝게도 요즘은 대부분의 교회가 교인에 대한 기대 수준이 낮다. 그런 교회들의 리더들은 교인들이 삶의 다른 영역에서 바쁘다는 것을 안다. 그래서 그들에게 너무 많은 걸 요구하고 싶지 않다. 그렇다 보니 너무 적게 요구한다. 이 문제를 해결하기 위해서는 교인에 대한 기대 수준이 높은 교회로 나아가는 문화적 변화가 필요하다. 문화적 변화는 대개 목사의 리더십에 달려 있지만 새 신자 교육을 통해서도 얼마든지 기대 수준이 높은 문화를 조성할 수 있다. 처음부터 기대 사항을 명확히 전달하지 않으면 나중에 '미끼 상술'이라는 비난을 받을 소지가 있다.

세 번째 문제는 '교인들이 교인의 성경적인 의미를 정확하게 이해하도록 돕지 않는 것'이다. 이 문제는 두 번째 문제와 겹치는 면이 있다. 교인들이 교인이 어떤 사람인지에 관한 성경의 가르침을 진정으로 이해한다면 높은 기준을 제시하는 교회 문화 속에서 참된 교인으로서 살아가는 데 크게 어려움이 없을 것이다.

안타깝게도 네 번째 문제는 북미 교회들 속에 깊이 침투해 있다. 대부분은 아닐지라도 많은 교회 리더들과 교인들이 '복음 전도의 사명을 망각'하고 있는 듯하다. 예수님은 분명 복음을 나누고 제자를 삼으라고 명령하셨고, 신약성경 곳곳에서 이 명령을 강조한다. 그런데도 많은 그리스도인이 이 분명한 명령을 잊고 산다.

다섯 번째 문제는 '바쁨'이다. 이는 사실 세상 문화에도 만연한 문제다. 대부분의 교회가 분명한 목적 없는 활동들에 너무 바쁜 나머지 해법을 알아도 실행할 준비가 되어 있지 않다. 그런 의미에서 단순한 교회가 되는 것이 도움이 될 수 있다.

모델 제안

당연한 말이지만 모든 교회에 일률적으로 적용되는 모델 같은 건 존재하지 않는다. 성경에 기초한 배경이 중요하다. 교회 리더도 제각각 다르고, 교인도 다 다르다. 그리고 하나님은 교회마다 다른 계획을 세우셨다. 다음 모델을 보면서 이 점을 염두에 두기를 바란다.

첫째, 스스로에게 기본적인 질문을 던지라. 모든 교인에게 최소한 어떤 행동을 기대해야 할까? 기본적인 기대 사항이 무엇인지를 기도하면서 결정하면 높은 기대 수준을 갖춘 교회로 가는 과정을 시작할 수 있다. 다시 말하지만 이것들은 '최소한의' 기대 사항이다. 교인들에게 그리스도의 사명을 수행하기 위한 다른 길들은 권장하지 말아야 한다는 뜻이 아니다.

커넥션교회의 경우에는 다음과 같은 최소한의 기대 사항을 정하고 교인들에게 전달했다.

- 모든 새 신자는 교회에 관한 정보를 제공하고 교인에 대한 기대 사항들을 전달하는 새 신자 교육[*]을 받아야 한다.
- 모든 새 신자는 기독교 신앙의 핵심 진리들을 배우고

받아들여야 한다.* 이런 진리를 새 신자 교육에서 가르치고 소그룹 모임과 설교 사역에서 강조해야 한다.

○ 모든 교인은 예배에 열심히(자주) 참여하고 소그룹의 활동적인 구성원이 되어야 한다.

○ 모든 교인은 매년 최소한 하나의 교회 사역*에 참여하는 시간을 드려야 한다.

○ 모든 교인은 교회에 헌금*을 해야 한다.

○ 모든 교인은 최소한 일 년에 한 번씩 지역사회에서 어떤 식으로든 복음 사역*에 참여해야 한다.

다시 말하지만 이것들은 기초적인 기대 사항일 뿐이다. 여기에 국한되어서는 안 된다. 이런 기대 사항은 기억하게 쉽도록 네 단어로 정리할 수 있다.

"믿는다(Believe). 속한다(Belong). 드린다(Give). 간다(Go)."

교회는 새 신자 교육 시간에 다음과 같은 기대 사항을 전달하고 강조해야 한다.

믿는다(Believe)

○ 교인들은 새 신자 교육에서 시작해 소그룹 활동과 설교 시간
  을 통해 기독교 신앙의 핵심 진리를 배운다.

속한다(Belong)

○ 교인들은 공예배에 열심히 참석한다.
○ 교인들은 소그룹 모임에 참여한다.

드린다(Give)

○ 교인들은 매년 최소한 하나의 교회 사역에 참여하는 시간을
  드린다.
○ 교인들은 교회의 사역을 위해 충성스럽게, 또 정기적으로 헌
  금을 드린다.

간다(Go)

○ 교인들은 최소한 일 년에 한 번씩 복음 전도 사역에 참여해
  서 지역사회에 복음을 전한다.

"믿는다. 속한다. 드린다. 간다." 이 네 가지는 제자 훈련 과정의 출발점이다. 아울러 이는 교회를 위한 효과적인 비전 진술도 된다.

나의 다른 책들을 읽어 본 적이 있다면 내가 에릭 게이거(Eric Geiger)와 함께 쓴 책 《단순한 교회》(Simple Church)에서 이 프로세스를 처음 소개했다는 것을 알지도 모르겠다. 《단순한 교회》는 2011년에 처음 출간되었지만 이 원칙들은 오늘날에도 여전히 유효하고 유용하다.

교회들이 교인들을 '가도록' 만드는 일에서 가장 어려움을 겪는 경우가 드물지 않다. 교인들이 지역사회에서 예수 그리스도의 복음을 전하도록 만드는 일이 그만큼 어렵다. 처치앤서즈는 이 난관을 다루기 위한 효과적인 방법들을 발견했다. WhereHaveAllTheChurchMembersGone.com에서 최신 자료들을 꼭 살펴보기를 바란다.

여전히 소망을 품는 이유

이 나라를 넘어 전 세계 교회들의 현재 상태를 걱정하는 소리를 듣기 쉽다. 한편으로 이런 걱정은 건강한 것이다. 이는 우리가 현실을 바로 직시하고 있다는 뜻이다. 하지만 다른 한편으로, 부정적인 이야기만 하다 보면 용기를 잃고 낙심할 수 있다.

수많은 교회의 사례를 가장 가까이서 지켜본 나는 우리 교회들을 여전히 긍정적인 시선으로 바라본다. 내가 소망의 태도를 잃지 않는 가장 큰 이유는 우리 교회들을 위한 성부 하나님의 사랑, 성자 그리스도의 사역, 성령의 능력을 절대적으로 믿기 때문이다.

두 번째 이유는 이미 많은 교회가 더 건강해지고 있다는 것이다. 그 교회들은 사람들에게 복음을 전하고, 그리스도의 이름으로 지역사회를 섬기고, 그리스도의 열매를 맺는 제자로서 성장하고 있다. 처치앤서즈는 매일 그런 교회들과 협력하고 있다. 그리고 우리는 그런 교회들에서 하나님이 어떤 역사를 펼치고 계시는지 생생하게 목격하고 있다.

그렇다면 여러분과 여러분이 몸담은 교회는 어디서부터 시작해야 할까? 궁극적으로 이것은 오직 여러분과 여러분의 교인들만 답변할 수 있는 질문이다. 그 답은 여러분의 특별한 배경 속에서 하나님이 어떤 음성을 주시는지에 달려 있다. 혹시 커넥션교회 이야기를 통해 여러분 교회의 사역들에서 중요한 허점들을 발견했는가? 그렇다면 그 허점들을 채우는 것이 출발점일 수 있다.

많은 교회에 새로운 출발이 필요하다. 교회의 문을 닫고 내부를 완전히 뜯어 고친 뒤에 재개장하라는 말이 아니다. 하나님의 도우심으로 여러분의 교회를 철저히 조사할 필요가 있을지 모른다는 말이다. 그런 경우라면 우리가 제안한 모델을 출발점으로 사용할 수 있다. 하나님의 일을 더 열심히 하겠다는 결단으로 기도하고 토론하고 또 기도하면 하나님이 여러분의 상황에 맞는 방법을 알려 주실 것이다.

다음과 같은 기본적인 질문들로 시작하기 바란다.

- 우리는 새 신자 교육을 잘 계획해서 실행했는가? 새로운 모델로 새롭게 시작해야 하는가?[※] 새 신자 교육은 교회마다 다른 이름으로 불린다. 용어에 매일 필요는 없다. 정보를 제공하고 기대 사항을 전달하는 목적만 제대로 달성하면 된다.
- 우리의 새 신자 교육은 복음으로 시작하는가? 그리스도인이 되려는 사람은 누구나 그리스도의 제자가 되는 법을 이해해야 한다.
- 새 신자 교육을 통해 모든 교인에게 요구되는 최소한의 기대 사항을 분명히 전달해 왔는가?
- 교인들이 기본적인 기대 사항을 충족하기 위한 사역

들이 우리 교회 안에 있고, 그 사역들을 교인들에게 분명하게 제시했는가?

○ 우리 교회는 제자 훈련에 초점을 맞추고 중요하지 않은 활동들은 축소하거나 없앴는가? 다시 말해, 우리 교회는 단순한 교회인가? 아니면 복잡한 교회인가?

○ 우리 교회는 교인들을 복음 전도에 참여시키기 위한 분명한 계획을 갖고 있는가?[*] 대개 이것은 교회들이 극복해야 할 큰 장애물이다.

기존 교인들은 어떠한가

내가 제시한 모델은 새 신자들에 대한 높은 기대 수준을 정하고 전달함으로써 교회의 문화를 바꾸는 데 초점을 맞춘다. 이 모델은 특별히 기존 교인들을 다루지는 않는다. 커넥션교회 이야기에서 리더들은 기존 교인들을 예외로 인정해 주기로 결정했다. 다시 말해, 기존 교인들은 새 신자 교육을 받거나 최소한의 섬김이나 의무를 반드시 할 필요가 없었다.

이런 예외는 이상적이지 않지만, 일단 일을 진행시키기 위해 필요할 수 있다. 우리의 처방대로 새 신자들에게 초점을 맞춘 방식으로 일을 진행시켰던 교회들에서는 대개 기존 교인들의 헌신도도 높아지는 결과가 나타났다.

우리가 제시하는 모델에서는 "믿는다, 속한다, 드린다, 간다"와 같은 비전 진술서(혹은 공식적인 제자 훈련 프로세스)를 작성할 것을 요구하지 않는다. 하지만 교회의 비전과 교인들의 교회 생활의 기준들을 교인들에게 계속해서 상기시켜 주면 실제적으로 큰 도움이 된다. 우리가 아는 목사들 가운데는 이 비전 진술서의 모든 측면으로 매년 설교하는 목사가 많다.

중요하지 않은 사역과 활동, 즉 교회의 새로운 방향에 직접적으로 도움이 되지 않는 사역과 활동을 축소하거나 없애는 것을 추천하기는 하지만 신중함과 지혜를 발휘하기를 바란다. 성역이 된 사역을 없애면 심한 갈등이 일어나 도리어 교회의 더 큰 사명이 방해받을 수 있기 때문이다. 교회에서 복잡하고 의미 없이 분주한 활동들을 없애려면 반드시 기도와 인내가 요구된다.

우리 교인 다 어디로?

우리의 경험으로 볼 때 커넥션교회와 같은 사례는 사실 매우 흔하다. 어떤 교인들은 애초에 그리스도인이 아니기에 교회를 떠난다. 신학적으로 말하면 그들은 '거듭나지 못한 교인'이다. 즉 진정으로 그리스도의 제자가 된 적이 없는 사람들이다. 그리스도께 헌신하지 않으면 그리스도의 교회에 헌신할 수 없다.

교회에 참여하는 것을 중요하게 여기지 않아 교회를 떠나는 교인들도 있다. 그들은 교회 참여를 여러 선택 사항 중 하나로 볼 뿐이다. 그래서 자녀의 스포츠 활동이 더 중요해지면 교회 참석은 뒷전으로 밀린다.

교인들이 교회를 떠나는 가장 흔한 경우는 등록 교인 자격은 그대로 유지하되 대신 교회 출석을 줄이는 것이다. 이런 일종의 '조용한 사직'(quiet quitting)이 북미 교회에 만연해 있다. 이는 교인들에 대한 교회의 기대 수준이 낮아졌다는 분명한 증거다.

교회를 자신이 참여하는 여러 조직 중 하나로 보는 교인들은 개교회들이 사도행전 2장에서 요한계시록 3장까지 신약의 주된 중심이라는 점을 이해하지 못하는 사람들이다. 내가 앞서 여러 번 말했고 다른 사람들도 수차례 말했듯이 하나하나의 개교회는 이 땅에서 그분의 사명을 위한 첫 번째 계획이다. 그리고 그분은 우리에게 두 번째 계획을 주신 적이 없다.

많은 교회가 예수 그리스도의 지상대명령을 경시하고 그 명령에 순종하지 않은 탓에 쇠퇴하고 있다. 우리가 연구한 교회들 가운데 무려 90퍼센트 이상에 해당하는 교회에서 복음 전도가 부족한 모습이 나타났다.

그럼에도 불구하고 나는 여전히 미래 교회에 대한 소망을 품고 있다. 여러분이 우리 처치앤서즈가 매주 돕고 있는 교회들을 직접 봤으면 얼마나 좋을까? 그중 많은 교회가 건강하지 못한 모습에서 건강한 모습으로 변해 가는 모습을 여러분이 보면 얼마나 좋을까? 이런 교회의 수가 많지는 않지만 이 교회들은 하나님이 하나하나의 개교회들을 포기하시지 않았다는 분명한 증거이기도 하다.

그래서 여러분을 격려하고 싶다. 하나님은 여러분의 교회를 포기하시지 않았다. 하나님은 여러분의 사역을 포기하시지 않았다. 하나님 안에서는 모든 것이 가능하니 건강하지 못한 교회가 방향을 전환하여 건강한 교회로 새로워지는 건 얼마든지 가능하다.

"우리 교인이 다 어디로 갔는가?"

여러분과 여러분의 교회를 향한 나의 기도 제목은 이 질문이 곧 감탄과 찬양으로 바뀌는 것이다. "하나님이 우리 교회로 이끌고 계시는 저 많은 영혼들을 보라!"